百科通识文库

49

文艺复兴简史

杰里·布罗顿 著
赵国新 译

外语教学与研究出版社
北京

京权图字：01-2006-6830

图书在版编目（CIP）数据

文艺复兴简史 /（英）布罗顿（Brotton, J.）著；赵国新译. — 北京：外语教学与研究出版社，2015.8（2026.1重印）
（百科通识文库）
ISBN 978-7-5135-6498-4

Ⅰ. ①文… Ⅱ. ①布… ②赵… Ⅲ. ①世界文学－文艺复兴－文学史 Ⅳ. ①I109.31

中国版本图书馆CIP数据核字（2015）第198848号

出 版 人　王　芳
项目策划　姚　虹
责任编辑　徐　宁
封面设计　泽　丹
版式设计　锋　尚
出版发行　外语教学与研究出版社
社　　址　北京市西三环北路19号（100089）
网　　址　https://www.fltrp.com
印　　刷　北京盛通印刷股份有限公司
开　　本　889×1194　1/32
印　　张　6.5
版　　次　2015年9月第1版　2026年1月第3次印刷
书　　号　ISBN 978-7-5135-6498-4
定　　价　20.00元

购书咨询：（010）88819926　电子邮箱：club@fltrp.com
外研书店：https://waiyants.tmall.com
凡印刷、装订质量问题，请联系我社印制部
联系电话：（010）61207896　电子邮箱：zhijian@fltrp.com
凡侵权、盗版书籍线索，请联系我社法律事务部
举报电话：（010）88817519　电子邮箱：banquan@fltrp.com
物料号：264980001

百科通识文库书目

历史系列：

美国简史
探秘古埃及
古代战争简史
罗马帝国简史
揭秘北欧海盗
日不落帝国兴衰史——盎格鲁－撒克逊时期
日不落帝国兴衰史——中世纪英国
日不落帝国兴衰史——十八世纪英国
日不落帝国兴衰史——十九世纪英国
日不落帝国兴衰史——二十世纪英国

艺术文化系列：

建筑与文化
走近艺术史
走近当代艺术
走近现代艺术
走近世界音乐
神话密钥
埃及神话
文艺复兴简史
文艺复兴时期的艺术
解码畅销小说

自然科学与心理学系列：

破解意识之谜
认识宇宙学
密码术的奥秘
达尔文与进化论
恐龙探秘
梦的新解
情感密码
弗洛伊德与精神分析
全球灾变与世界末日
时间简史
简析荣格
浅论精神病学
人类进化简史
走出黑暗——人类史前史探秘

政治、哲学与宗教系列：

动物权利
《圣经》纵览
释迦牟尼：从王子到佛陀
解读欧陆哲学
死海古卷概说
欧盟概览
存在主义简论
女权主义简史
《旧约》入门
《新约》入门
解读柏拉图
解读后现代主义
读懂莎士比亚
解读苏格拉底
世界贸易组织概览

目 录

图目

绪论

一幅16世纪名画

说起“文艺复兴”，要想弄清这个词所指之意，毫无疑问，最应当去国家博物馆和美术馆。凡是参观过伦敦国家美术馆的人大都会看到该馆收藏的一幅最著名的美术作品——汉斯·霍尔拜因（Hans Holbein）的《使节》，创作时间为 1533 年。在许多人看来，霍尔拜因的这幅画是欧洲文艺复兴的永恒形象。可是，究竟是什么东西让人们从霍尔拜因的作品中认出了“文艺复兴”的形象呢？

《使节》这幅画描绘了两位衣冠楚楚之士，在他们的周围，摆放着 16 世纪生活中的种种物品。霍尔拜因以其煞费苦心的细腻笔触，准确无误地刻画了这两位文艺复兴人物所在的世界；画中人物带着一种自信的但同时又是探究性的自我意识反过来凝视着观者，可以说，这是此前绘画中从未出现过的一种形象。中世纪的艺术作品之所

图 1 汉斯·霍尔拜因的《使节》，文艺复兴时期的一幅画像，然而直到 19 世纪它才为人发现。画面上令人费解的端坐者和器物提供了有关这一时期的诸多洞见

以让人感到比较疏离，是因为它未能创造出这种具有强烈自我意识的个体性。像这幅作品一样的那些绘画，它们所表现的全部情感背后的动机尽管难以把握，我们还是能够认同这些情感，看出它们是属于“现代的”。换句话说，当我们观赏诸如《使节》这类绘画之时，我们看到的正是现代身份和个体性的兴起。

本书开篇伊始，即以霍尔拜因的绘画作为文艺复兴的艺术性表现形式，这种做法不无裨益。不过，本来就已云翳不清的一些术语也因此而累积渐增，需要加以解释澄清。“现代世界”是什么？它的含义是否与“文艺复兴”同样莫衷一是？类似地，对于中世纪的艺术，能否如此简单地加以界定（并不予理会）？“文艺复兴人”是怎么一回事？“文艺复兴女性”又是怎么一回事？要回答这些问题，有必要更加仔细地审视霍尔拜因的这幅画。

重视学识的文艺复兴

与这两位正襟危坐者的凝视同样引人注目的是画面中央的那张台案以及散落在台案上下两层的器物。台案下层的搁板上摆放着两本书（一本是赞美诗集，另一本是商人用的算术书）、一把鲁特琴、一个地球仪、一组风管、一只三角板、一副双脚规。台案上层摆放着一个天球仪和几件极为专门的科学仪器：扇形舵柄、日晷仪和扭矩测量仪（时计和航海仪器）。这些器物代表了文艺复兴时期教育的基本内容：文科七艺。三门基础学科——语法学、逻辑学和修辞学——就是有名的文科三艺（*trivium*）。它们与这两位正襟危坐者的活动有关。他们是使者，受过寻章摘句、引经据典的训练，不过最精通的还是论辩和劝说之术。四艺（*quadrivium*）指的是算术、音乐、几何和天文，这些都明白无误地体现在霍尔拜因对算术书、鲁特琴和科学仪器的精确描绘中。

这几门学科构成了人文学科（*studia humanitatis*）的基础。人文学科是当时绝大多数年轻人学习的课程，它更为人知的名称是人文主义。人文主义代表了 14 世纪晚期和 15 世纪欧洲历史上一个新的重要发展阶段，这个发展阶段与研究古希腊罗马的语言、文化、政治和哲学典籍直接相关。人文学科高度灵活的性质促使人们研究各门新学科，例如古典哲学、文学、历史和道德哲学，这些新学科都是文艺复兴思想不可或缺的。

霍尔拜因要表现的是，他画笔下的这两位正襟危坐者都是“新人”，他们是学术人物，但也是有用世之心的人物，利用自己的学识猎取名望和实现抱负。右边那位名叫让·德·丁特维尔（Jean de Dinteville），他是法国派往英王亨利八世（Henry VIII）宫廷的使节。左边是他的密友拉沃尔主教乔治·德·塞尔夫（Georges de Selve）。画家特意摆放在台面上的器物表明，他们在政界和宗教界的地位与他们对人文主义思想的理解密切相关。这幅画暗示，这些器物代表的各门学问对于世俗的抱负和成就至关重要。

文艺复兴的阴暗面

然而，如果我们更进一步细心观察霍尔拜因画中物品的话，就会发现文艺复兴的另一面。台案下层的那把鲁特琴断了一根弦，这是不和谐的象征。在鲁特琴旁边是一本打开的赞美诗集，看得出来，它是宗教改革家马丁·路德（Martin Luther）的著作。在这幅画的右上角，帷幕略微拉开，露出一个银制的十字架。这几样东西让我们注意到文艺复兴时期的宗教纷争和失谐。就在霍尔拜因创作这幅画的时候，路德的新教思想正在欧洲各地蔓延，公然对抗罗马天主教会根深蒂固的权威。那把断弦的鲁特琴就是宗教冲突的强烈象征；霍尔拜因在画中将路德的赞美诗集与天主教的十字架摆放在一起，描绘出这场宗教冲突的特征。

霍尔拜因画中的路德赞美诗集显然是一本印刷书。在15世纪下半叶，印刷术的发明给信息和知识的创造、传播与理解带来了革命性变化。与耗时费力并且经常舛误失真的手抄本相比，印刷本图书以从前无法想象的速度、准确性和数量传播开来。不过，印刷品中的新思想、尤其是宗教新思想的传播，也会引发动荡、不确定和焦虑，使得主要艺术家和思想家进一步质疑自己的存在，质疑自己在一个迅速扩展的世界中的安身立命之道。辉煌成就与它造成的焦虑之间的这种关系，正是文艺复兴时期的一个典型特征。

在路德赞美诗集旁边还放着一本印刷书，乍一看，还很俗气，不过它体现了文艺复兴时期的另一显著方面。这是一本教商人计算赢利和亏损的手册。它与其他更具“文化色彩”的器物同时出现在画中，这是表明，在文艺复兴时期，商业金融与文化艺术有着无法分割的联系。尽管这本书暗指文艺复兴时期人文主义学问中的文科四艺，然而，它也指明，人们意识到文艺复兴的文化成就是建立在商业和金融繁荣的基础之上的。随着世界逐渐扩大并且日趋复杂，这就需要运用新的技巧去了解越来越隐蔽的货币和商品流通，以便最大限度地实现利润、减少损失。结果，人们对数学等学科重新萌生了兴趣，以其为手段来理解在全球各地逐渐扩展的文艺复兴世界的经济情况。

商用算术书后面的那个地球仪印证了商业和金融业的大发展这一文艺复兴时期的明显特征：地球仪是这幅画中最重要的实物之一。旅行、探险和发现是文艺复兴时期活力四射、争议迭出的内容，而霍尔拜因的地球仪告诉了我们这一点，因为它非常时新地再现了时人（1533 年）眼中的世界。欧洲被称为"欧罗巴"。这件事本身意义重大，因为正是从 15 和 16 世纪开始，欧洲才被认为具有共同的政治和文化身份。在此之前，人们很少自称"欧洲人"。霍尔拜因还描绘了航海活动在非洲和亚洲、克里斯托弗·哥伦布（Christopher Columbus）自 1492 年开始的数次航行在"新世界"，以及费迪南德·麦哲伦（Ferdinand Magellan）在 1522 年首次环球航行的最新发现。这些发现将欧洲带入一个迅速扩张的世界，改变了欧洲与它所邂逅的文化和社会之间的关系。

与印刷出版和宗教动乱产生的巨大影响一样，这一全球性扩张留下了一份具有双重效果的遗产。后果之一是，由于战争和疾疫，许多土著文化和社会遭到毁灭，因为它们毫无准备或兴趣去接受欧洲的信仰和生活方式。这一时期在取得文化、科学和技术成就的同时，也出现了宗教上的偏狭、政治上的无知、奴隶制度以及财富和地位的惊人不平等，这一切被称为“文艺复兴的阴暗面”。

政治与帝国

这就要说到霍尔拜因绘画所触及的文艺复兴的另一些关键内容，它们既界定了画中正襟危坐者，也界定了画中的种种器物，它们是：权力、政治和帝国。为了理解这些问题的重要性，以及它们如何在画中显现，我们需要更多地了解两位画中人物。1533 年，丁特维尔和塞尔夫奉法王弗兰西斯一世（Francis I）之命来到英国。英王亨利八世已经与安妮·博林（Anne Boleyn）秘密成婚，他威胁说，如果教皇不允许他与首任妻子离婚，他就要脱离天主教会。丁特维尔与塞尔夫试图阻止亨利与罗马决裂，他们是弗兰西斯派来参予协商的中间人。所以说，尽管这幅画与文艺复兴的大半历史一样，触及的是男人之间的关系，但是，值得注意的是，处于画像核心的却是一场为了一个女子而起的争执；虽说这位女子并未出现在画面上，不过，根据画面上的器物以及周遭的背景，还是可以强烈感受到她的存在。男性一再试图去压制女性的声音，这只会让人越发注意到她们在父权制社会中的复杂地位：女性无权享用文艺复兴时期文化和社会的发展所带来的诸多好处，但她们对于父权制社会的运转却起着关键作用，因为她们养育男性后代，以维护男性主导的文化继续存在。

丁特维尔与塞尔夫到伦敦还有一项任务，那就是从中穿针引线，促成亨利、弗兰西斯和奥斯曼帝国苏丹、伟大的苏莱曼（Süleyman the Magnificent）缔结新的政治联盟；苏莱曼是当时欧洲政治格局中另一股重要势力。在霍尔拜因的绘画中，铺在台案上层的那块毯子就是奥斯曼土耳其人设计并编织的，这表明，奥斯曼土耳其人以及他们在东方的国土，也是文艺复兴文化、商业和政治版图的一部分。塞尔夫和丁特维尔想拉拢亨利八世与弗兰西斯和苏莱曼结盟，原因在于，他们担心文艺复兴时期的另一股帝国势力——查理五世（Charles V）治下的哈布斯堡帝国——不断壮大。比较而言，英法两国都是帝国游戏中的次要角色：画中的地球仪说明了这一点。它显示出欧洲各帝国开始瓜分新发现的世界。霍尔拜因的地球仪复制了西班牙和葡萄牙两大帝国在哥伦布“发现”美洲之后确定的分界线。

这条分界线是为了解决两国在远东的领地纠纷而划定的。当时，两国都在争夺印度尼西亚群岛中盛产香料的岛屿——摩鹿加群岛，这里距离欧洲路途遥远，但香料生意获利丰厚。在文艺复兴时期，欧洲自认为是地球的中心，但是，它渴求东方的财富，从奥斯曼帝国的纺织品和丝绸，到印度尼西亚群岛的香料与胡椒，都是它渴求的对象。霍尔拜因绘画中的许多物品都源于东方，从画中人物身上的丝绸和天鹅绒，到装饰房间的纺织品和图案，莫不如此。

在这幅绘画中，台案下层摆放的器物显示了文艺复兴的方方面面：人文主义、宗教、印刷、贸易、探险、政治与帝国，还有经久不衰的东方的财富和知识。台案上层的器物则与比较抽象及哲理性很强的事物有关。天球仪是用于测量星体和衡量宇宙性质的一种天文仪器。放在天球仪旁边的是一组日晷仪，借助于太阳光线可用它来计时。两个比较大的器物是扇形舵柄和扭矩仪，它们可用于计算航船的时空位置。这些仪器大部分是阿拉伯和犹太天文学家发明的，它们之所以西传是因为欧洲旅行者需要海上远航的专业知识。它们反映出文艺复兴时期的人们理解和掌握自然界的兴趣越来越浓厚。就在文艺复兴时期的哲学家争论他们所在世界的性质之时，航海者、仪器制造者以及科学家开始把这些哲学论争引入解决自然问题的可行办法之中，其结果便是如霍尔拜因画中的器物。

最后，我们考察一下从画面底部横劈过去的那个倾斜图像。从正面看，不可能弄懂这个变形物的含义。然而，如果站在图画的侧面，观者就会看到，这个图像变形为一个画工完美的头颅骨。这在当时是一种很时兴的透视窍门，被称为“歪像描法”，文艺复兴时期的好几位艺术家都用过。艺术史家认为，这是一个虚幻画派[1]（*vanitas*）图像，发出一种令人不寒而栗的提示：尽管拥有这一切财富、权力和学问，死亡仍会降临到我们每个人头上。

1 虚幻画派是17世纪荷兰的一个静物画绘画流派。——译注，下同但是，头颅骨似乎还体现了霍尔拜因本人不顾主顾的要求而进行的艺术创新。这表明，他挣脱了自己作为一名技法娴熟的画匠的身份，坚持画家作为艺术家应享有越来越大的权力和自主性来实验新的技巧和理论，例如光学和几何学，以创作出新颖的绘画形象。

文艺复兴起源的时间和地点

文艺复兴通常与佛罗伦萨等意大利城邦联系在一起，不过，意大利无可置疑的重要性往往掩盖了北欧、伊比利亚半岛、伊斯兰世界、东南亚和非洲等地新思想的发展。如果以更具全球性的眼光来看待文艺复兴的性质，那么，称其为席卷上述地区的一系列“文艺复兴”将更加贴近实际情况，每一地区的文艺复兴都有其独到和迥异的特点。其他地区的文艺复兴，与比较经典的、传统意义上的、以意大利为中心的文艺复兴经常有重叠之处，并且相互影响。文艺复兴是一个相当国际性的、变动不居的现象。

今天有一种通行的共识，那就是“文艺复兴”这个术语指的是从 1400 到 1600 年间欧洲在文化、政治、艺术和社会等方面发生的深刻而持久的剧变和转型。这个词既可以用于指称一段历史时期，也可以用于描述较为笼统的文化复兴的概念。它源于法文“再生”一词。自从 19 世纪以来，它一直被用于描述欧洲历史上的一个特定时期，这一时期对于希腊罗马文化的智识和艺术重新萌生了欣赏态度，产生了现代个体以及在当代西方世界依然界定着许多人身份的社会和文化制度。

艺术史家经常认为，文艺复兴始于 13 世纪，以乔托（Giotto）和契马布埃（Cimabue）的艺术作品为开山，终于 16 世纪，以米开朗琪罗（Michelangelo）和提香（Titian）等威尼斯画家的作品为殿军。英美世界的文学研究者采取了一个完全不同的视角，他们集中关注的是 16 和 17 世纪以本民族语言创作的英国文学的兴起，这一时期的英国文学成就体现在斯宾塞（Spenser）、莎士比亚（Shakespeare）和弥尔顿（Milton）的诗歌与戏剧当中。历史学家则又是采取了一种不同的研究方法，他们称约 1500 至 1700 年这段时期为“现代早期”，而不称其为“文艺复兴”。在文艺复兴的时期确定和命名方面产生的这些分歧，已经愈演愈烈，以致于“文艺复兴”这个术语自身的有效性遭到怀疑。

它现在还有其意义吗？能否把它与此前的中世纪或其后的现代世界截然分开？它是否证实了一种欧洲文化优越论的信念？为了回答这些问题，我们需要理解“文艺复兴”这个术语的形成过程。

16 世纪的读者不可能认识“文艺复兴”这个词。意大利语单词 *rinascita*（“再生”）在 16 世纪指古典文化的复苏。但是，直到 19 世纪中期描述历史阶段才专门用到法语中的 Renaissance 一词。最先使用这个术语的是法国历史学家儒勒·米什莱（Jules Michelet），此人是民族主义者，笃信法国大革命倡导的平等原则。在 1833 至 1862 年间，米什莱发愤著书，写出了他最伟大的著作——多卷本的《法国史》。他是一位进步的共和派，高声谴责贵族和教会。1855 年，他的《法国史》第七卷出版，这一卷的标题是《文艺复兴》。在他看来，文艺复兴意味着：

……发现了世界和发现了人。16 世纪……从哥伦布到哥白尼（Copernicus），从哥白尼到伽利略（Galileo），从地上的发现到天上的发现。人重新发现了自己。

与哥伦布、哥白尼和伽利略等探险家和思想家的科学发现并行不悖的，是一些富有哲理意味的个体性定义，米什莱在拉伯雷（Rabelais）、蒙田（Montaigne）和莎士比亚等人的著作中认出了这些定义。这种新精神与米什莱眼中的中世纪“怪诞和丑恶”的性质形成了对比。对他而言，文艺复兴时代体现了一种进步的、民主的状况，这种状况颂扬他很看重的几种美德：理性、真理、艺术和美。按照米什莱的说法，文艺复兴时代“认识到自己在本质上等同于现代”。

米什莱是第一位将文艺复兴界定为欧洲文化史上一个重要时期的思想家，这一时期代表了与中世纪的关键性决裂，产生了对人类以及人类在世界中地位的现代认识。他还宣扬说，文艺复兴既指一个特定的历史时期，也代表某种精神或态度。米什莱的文艺复兴并非像我们想当然认为的那样，发生在 14 和 15 世纪的意大利。相反，在他笔下，文艺复兴发生在 16 世纪。作为一个法国民族主义者，米什莱热衷于宣称文艺复兴是一种法国现象。作为共和派，他也厌弃 14 世纪的意大利对教会和政治暴政的赞赏，认为这是完全背离民主的态度，因而不属于文艺复兴精神。

米什莱笔下的文艺复兴主要受其所在的19世纪环境的塑造。事实上，米什莱的文艺复兴价值观与他所珍视的法国革命的价值观有着惊人的相似：拥护自由、理性和民主等价值观，厌弃政治和宗教暴政，尊奉自由的精神和“人”的尊严。这些价值观在他那个时代未能实现，他在失望之余，就到历史上去寻找这样一个时刻：自由和平等主义的价值观大获全胜，并且预示了一个摆脱暴政的现代世界。

瑞士人笔下的文艺复兴

米什莱创造了文艺复兴概念，瑞士学者雅各布·布克哈特（Jacob Burckhardt）则将之界定为15世纪的意大利现象。1860年，布克哈特出版了《文艺复兴时期的意大利文化》一书。他认为，15世纪晚期意大利政治生活的独特性导致了具有现代面貌的个体性的诞生。古代经典的复活，更广阔的世界的发现，以及对于教会的日益不满，这意味着“人成为一个精神**个体**”。布克哈特有意将这一新进展与个体意识的缺失作为对比，在他看来，个体意识的缺失恰是中世纪的特征。那时，“人认为自己仅仅是某一种族、民族、政党、家庭或团体中的一员”。换句话说，在15世纪之前，人们对于自己的个体身份并没有强烈的意识。在布克哈特看来，15世纪的意大利产生了“文艺复兴人”，也就是他所谓的“现代欧洲的头生子”。结果就出现了我们现在熟知的有关文艺复兴的论述：文艺复兴是现代世界的诞生地，以彼特拉克（Petrarch）、阿尔贝蒂（Alberti）和莱奥纳尔多（Leonardo）为开山，以古典文化的复兴为特征，到16世纪中期结束。

布克哈特几乎没有论及文艺复兴的艺术或经济变迁，而且，他高估了当时对待宗教的态度，在他看来，那种态度是怀疑性的、甚至是“异教的”。他关注的中心仅限于意大利，且并没有把文艺复兴与其他文化联系起来加以审视。他对“个体性”和“现代”等术语的理解也极为模糊。与米什莱类似，布克哈特想象中的文艺复兴就像是他个人境况的翻版。布克哈特是一名知识贵族，以新教和共和派的瑞士个体主义为荣。他害怕工业民主的发展，害怕他所认为的它对艺术之美的毁灭。他后来把文艺复兴想象成这样一个时期，在这个时期，艺术与生活是统一的，共和主义受到赞美但也受到限制，宗教受到国家的抑制，这听起来就像是对他所钟爱的巴塞尔理想化的幻想。尽管如此，由于他认为文艺复兴是现代生活的基础，布克哈特的这本书一直是文艺复兴研究的核心著作；虽说它经常招致批评，但从未遭到彻底忽视。

米什莱和布克哈特赞颂艺术和个体性是文艺复兴的界定性特征，这种赞颂在英国人沃尔特·佩特（Walter Pater）的《文艺复兴》一书中得到了合理的结论，该书首次出版于 1873 年。佩特是牛津出身的大学教师和唯美主义者，他以自己的文艺复兴研究为载体，表现他“为了艺术而艺术”的信条。佩特摈弃了文艺复兴在政治、科学和经济方面的内容，认为这些东西无关宏旨；他在 15 世纪的画家例如波提切利（Botticelli）、莱奥纳尔多和乔尔乔涅（Giorgione）的艺术中看到了“一种反叛和反抗当时道德和宗教观念的精神”。这是对佩特所谓“感官和想象的快乐”的颂扬，是唯美主义的、享乐主义的、甚至是异教性的。他发现，这一“为了智识和想象而热爱智识和想象”的思潮，最早可上溯到 12 世纪，最晚可追溯到 17 世纪。许多人对佩特的这本书感到愤慨，在他们看来，这本书是堕落的和敌视宗教的。不过，在其后的几十年中，佩特的观点塑造了英语世界对文艺复兴的看法。

米什莱、布克哈特与佩特创造了 19 世纪的文艺复兴概念，这种概念更多地将文艺复兴视为一种**精神**而不是一段历史时期。艺术和文化的成就显示出看待个体性的一种新态度，显示出“教养”的意义。这种界定文艺复兴的方法存在一个问题，那就是它对于 15 世纪以来发生的事件并未提供精确的历史论述，而看起来更像是 19 世纪欧洲社会的一种理想形式。这些批评家颂扬有限的民主、对教会的怀疑态度、艺术和文学的力量以及欧洲战胜其他所有文明。这些价值观加固了 19 世纪欧洲帝国主义的基础。历史上曾有这样一段时期，欧洲咄咄逼人地坚持自己有权支配美洲、非洲和亚洲大部分地区，佩特等人创造出文艺复兴的一种幻象，似乎为欧洲支配世界其他地区既提供了起因，也提供了证明其合理性的理由。

20 世纪人眼中的文艺复兴

关于文艺复兴，一个相当矛盾的观点出现在 20 世纪初。最早向布克哈特提出的挑战出现在1919年，以约翰·赫伊津哈（Johan Huizinga）《中世纪的衰落》的出版为标志。赫伊津哈考察了先前对文艺复兴的种种界定如何忽视了北欧文化与社会。他质疑布克哈特对“中世纪”和“文艺复兴”的时期划分，认为在布克哈特看来属于“文艺复兴”的风格与态度，实际上是中世纪衰退或没落的精神。赫伊津哈援引了15世纪扬·凡·爱克（Jan van Eyck）的佛兰德斯艺术为例证：

> 无论在形式上，还是在理念上，它都是正在衰落的中世纪的产物。如果某些艺术史家从中发现了文艺复兴的成分，那是因为他们非常错误地混淆了现实主义和文艺复兴。这种一丝不苟的现实主义，这种准确地传达出一切自然的细节的强烈愿望，正是行将就木的中世纪精神的典型特征。

在赫伊津哈看来，凡·爱克绘画中复杂细致的视觉现实主义，代表的是中世纪传统的结束，而非强化艺术表现的文艺复兴精神的诞生。虽说赫伊津哈并不反对使用“文艺复兴”这个术语，但是他认为文艺复兴思想大多源于中世纪。赫伊津哈的著作对于19世纪前辈所颂扬的文艺复兴理想持有非常悲观的态度。这本书写于一战期间，因此，毫不奇怪，它鼓动不起热情来支持那种认为文艺复兴是欧洲个体性和“文明”优越性走向成熟的观念。

在20世纪中叶，一群来自中欧的移民学者对文艺复兴进行了一次深入的重新评价。他们著书立说之际，正值极权主义崛起，威胁破坏文艺复兴人文主义的人文哲学价值观。在20世纪30年代，保罗·奥斯卡·克里施特勒（Paul Oscar Kristeller）、汉斯·巴龙（Hans Baron）和埃尔温·帕诺夫斯基（Erwin Panofsky）等德国学者为了逃避法西斯主义的崛起，流亡到了美国。后来他们论述文艺复兴的著作受到这些事件的深刻影响，而且，他们的著述还在继续影响当代文艺复兴研究。

汉斯·巴龙在《意大利文艺复兴初期的危机》中认为，文艺复兴人文主义的标志性阶段之一出现在佛罗伦萨，是第二次米兰战争（1397—1402）造成的结果。在巴龙看来，米兰公爵詹加莱亚佐·维斯孔第（Gangaleazzo Visconti）在1402年准备攻打佛罗伦萨，这很像“欧洲现代史上统一性的征服战争逼近之际所发生的事件”。巴龙将詹加莱亚佐比作拿破仑（Napoleon）和希特勒（Hitler），他得出结论说，这种现代类比有助于理解“1402年夏季出现的危机，也有助于把握它对文艺复兴政治史产生的实质和心理意义，尤其是它对佛罗伦萨市民精神的发展所产生的实质和心理意义”。1402年9月，詹加莱亚佐感染瘟疫死去，佛罗伦萨得救了。以巴龙之见，在他所描述的市民共和主义战胜封建独裁过程中出现的大英雄，是学者兼政治家莱奥纳尔多·布鲁尼（Leonardo Bruni）。按照巴龙的看法，布鲁尼在《佛罗伦萨城市颂》和《佛罗伦萨人民史》中，表达了一种“主张政治参与和积极生活的新哲学，这种哲学是为了反对学者式的退隐理想而提出的”。这体现了巴龙对市民人文主义的界定，即“努力去教育人，使之成为社会和国家的一员”；市民人文主义还信奉共和制的种种优越性，巴龙认为，美第奇（Medici）家族统治的佛罗伦萨体现了这些优越性。

其时欧洲正受到政治极权主义崛起的威胁，此刻人文思想家应该扮演什么样的角色，巴龙的论点是对这个问题的回应，它很引人注目，而且，它明确认为，佛罗伦萨和美第奇家族是文艺复兴发源的中心。不过，它也将布鲁尼的人文主义和佛罗伦萨的共和主义给理想化了。保罗·奥斯卡·克里施特勒采取了一种与巴龙不同的研究方法。在他看来，正是佛罗伦萨人文主义者马尔西利奥·菲奇诺（Marsilio Ficino）的思辨哲学，尤其是他的《柏拉图神学》（作于1469与1473年之间）一文，明确了古典世界与基督教之间新的融合。对克里施特勒来说，菲奇诺的创新之处在于他相信：

> 现在哲学独立存在于宗教之外，而且与其地位平等，不过，它既不能也不会与宗教发生冲突，因为保证二者和睦共处的是它们共同的起源和内容。毫无疑问，这是菲奇诺用以指明未来道路的概念之一。

菲奇诺的柏拉图主义小心翼翼地协调哲学、宗教与国家三者之间的紧张关系，在20世纪三四十年代，正当克里施特勒发愤研究菲奇诺之际，这样的关系正充斥着欧洲。

二战结束之后，经过20世纪60年代社会与政治的动荡，尤其是人文学科的政治化和女性主义的兴起，文艺复兴得到一次深刻的重估。一种影响尤大的反应来自美国。1980年，文学学者斯蒂芬·格林布拉特（Stephen Greenblatt）出版了《文艺复兴时期的自我塑造：从莫尔到莎士比亚》。这本书依据的正是布克哈特对文艺复兴的看法：文艺复兴是现代人诞生的时刻。格林布拉特借鉴了心理分析、人类学和社会史的研究成果，论证说，在16世纪，“有关人类身份塑造的自我意识增强了”。男人（有时还有女人）学会根据自己所在的环境去操纵或“塑造”自己的身份。与布克哈特一样，格林布拉特认为这是一个现代特有现象的开端。在格林布拉特看来，16世纪的英国大作家——埃德蒙·斯宾塞、克里斯托弗·马洛（Christopher Marlowe）和威廉·莎士比亚——的文学作品创造出的虚构人物，例如浮士德和哈姆雷特，开始自觉地去反思和操纵自己的身份。在这方面，他们的音容笑貌与现代人开始相像。格林布拉特用以引入其自我塑造理论的那幅画，正是霍尔拜因的《使节》。

格林布拉特总结说，在文艺复兴时期，“人类主体本身开始显得相当不自由，这是特定社会中权力关系的意识形态产物”。作为一个美国人，格林布拉特随后既探究了他对文艺复兴成就的钦佩，也探究了他对文艺复兴阴暗面的焦虑，在他看来，这些阴暗面尤指整个 16 世纪新世界的殖民化和欧洲的反犹主义。

尽管格林布拉特的书名中有“文艺复兴”的字样，但是，他与其他学者开始使用“现代早期”来界定文艺复兴时期。这个词源于社会史，与米什莱和布克哈特的理想主义论述相比，它对于文艺复兴与现代世界之间的关系持有比较怀疑的态度。它也突出了文艺复兴是一个历史时期的观念，而不是像 19 世纪的著作家所提出的文艺复兴是一种文化“精神”。“现代早期”这个词还暗示，在 1400 与 1600 年间发生的事件对于现代世界产生了深远的影响。“现代早期”这个概念并非集中关注文艺复兴自身如何回顾古典世界，而是表明这个时期持有一种向前看的态度，这一态度预见了我们所在的现代世界。

现代早期这个概念也促使人们探索此前被认为与文艺复兴无关而不适于探讨的话题和主题。格林布拉特和纳塔莉·泽蒙·戴维斯（Natalie Zemon Davis）等学者（后者在她的《现代早期法国的社会与文化》[1975] 一书中）探索了农民、手艺人、易装癖者以及“桀骜不驯的”女性的社会角色。随着人类学、文学和史学等智识学科相互借鉴对方的理论洞见，以往那些受排斥的群体和被边缘化的客体越来越受到关注。由于批评家试图从文艺复兴当中发现被忽视的或消失的声音，诸如“女巫”、“犹太人”和“黑人”等范畴重新得到悉心的审视。

格林布拉特和泽蒙·戴维斯这类批评家也受到20世纪晚期哲学和理论思想、尤其是后结构主义和后现代主义的影响。这些研究方法怀疑从文艺复兴到启蒙运动、再到现代性这段历史变迁的“宏大叙事”。诸如西奥多·阿多诺（Theodor Adorno）和米歇尔·福柯（Michel Foucault）这样迥然不同的思想家都认为，在他们看来源于文艺复兴时期的那些人文的、文明的价值观，对于纳粹主义的政治实验造成的灾难、对于大屠杀的恐怖景象无动于衷，甚至还有可能是同谋。因此，20世纪晚期，很少有思想家热衷于颂扬文艺复兴时期取得的那些宏伟的文化和哲学成就。相反，许多历史学家开始在一个远为局部的层面上分析事物和对象。

同样地，对于日常生活很有意义、但后来遗失或损毁的日常器物被赋予了新的重要性。各个研究领域的学者不再关注绘画、雕塑和建筑，他们开始考察家具、食物、服装、陶瓷以及其他世俗性明显的器物所产生的实质意义是如何塑造文艺复兴世界的。这些研究方法看到的不是相似性，而是文艺复兴与现代世界之间的鸿沟。器物与个人身份不是一成不变的，就像布尔克哈特在赞美“现代”人时所暗示的：它们是变动不居和不可预料的。

在 21 世纪，文艺复兴的遗产依然像以往那样充满了争议。自从 2001 年 9 月美国遭受袭击以来，有关东西方文明冲突的浮夸之词都在效仿以下臆断：文艺复兴代表了西方人优越的价值观在全球获得的胜利。然而，正如我们将在下一章看到的，文艺复兴的起源所混合的文化成分比这些说法所暗示的要多得多，而且，文艺复兴的影响也远远超出了欧洲的范围。

第一章

全球性的文艺复兴

文艺复兴的各种经典定义都存在这样一个问题：颂扬欧洲文明的成就，排斥其他文明的伟绩。“文艺复兴”一词发明之时，正值欧洲以前所未有的咄咄逼人态势在世界各地推行帝国支配行径，这并非是一种巧合。近年以来，从史学、经济学和人类学等不同角度对文艺复兴进行的研究让这幅画面变得更加复杂，这些研究提供了其他理解文艺复兴的关键因素，而19世纪的思想家，例如米什莱和布尔克哈特，则认为这些因素无关宏旨，将之弃而不顾。本章将在比较广阔的全球视野下考察文艺复兴，认为贸易、金融、商品、恩主制、帝国冲突以及不同文化之间的交流都是文艺复兴的关键因素。集中关注这些议题可以让读者从一个不同的角度去理解是哪些东西塑造了文艺复兴。它也会让我们认识到文艺复兴的创造性不仅限于绘

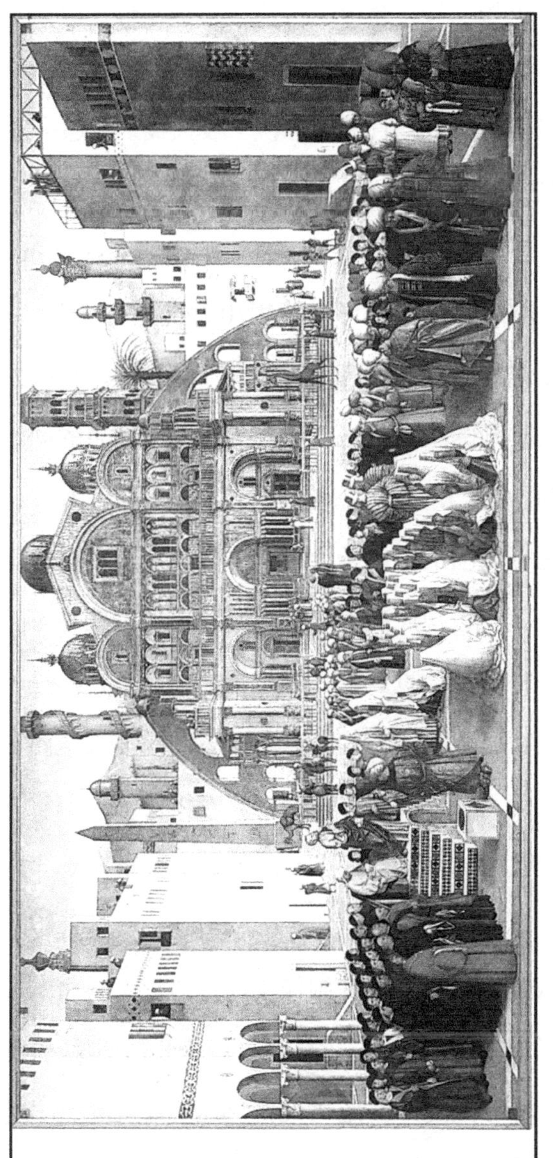

图 2 秦梯利・贝利尼和乔凡尼・贝利尼创作的《圣马可在亚历山大传教》（1504—1507）记录了欧洲对于东方文化、建筑和社会的迷恋

画、写作、雕塑和建筑。其他手工艺品，例如陶瓷器、纺织品、金属制品和家具同样塑造了人们的信仰和态度，尽管这些物品当中有很多一直遭受忽视、被损毁、被遗失。

另一幅提出了上述许多议题的文艺复兴时期名画是秦梯利·贝利尼和乔凡尼·贝利尼（Gentile and Giovanni Bellini）共同创作的《圣马可在亚里山大传教》；在米兰的布雷拉美术馆所收藏的文艺复兴时期作品当中，它最为引人注目。这幅画的主人公是亚历山大城基督教会的创始人圣马可（St Mark），公元 75 年左右，他在亚历山大城殉教，他也是威尼斯的主保圣人。画中的马可站在布道坛上，正在向一群白色披风裹身的东方妇女布道。在马可的背后，站着一群威尼斯贵族，在这位圣徒的前方，则是一排不同寻常的东方人物，他们与为数更多的欧洲人从容自在地在一起交谈。在这些东方人当中，有埃及的马穆鲁克人、北非的“摩尔人”、奥斯曼土耳其人、波斯人、埃塞俄比亚人以及鞑靼人。

动态的戏剧性情景呈现在画作下部，占到了画面的三分之一；画布的其余部分主要被亚历山大引人注目的风光所占据。一座穹顶的拜占廷式大教堂处于背景的支配地位，它是对圣马可的亚历山大教堂的想象性重建。在露天广场上，几个东方人在交谈，有的骑在马上，有的牵着骆驼和一只长颈鹿。面向广场的房子装饰着埃及式的格栅和瓷砖。伊斯兰风格的地毯和块毯垂于窗口。构成城市天际轮廓的光塔、纪念柱和支柱是亚历山大城的标志物与贝利尼兄弟个人创意的混合。这座大教堂折中了威尼斯的圣马可大教堂和伊斯坦布尔的圣索菲亚大教堂的建筑风格，而远处的高塔和纪念柱对应着亚历山大城中一些最著名的建筑标识，其中有许多已被威尼斯建筑所仿效。

乍一看，这幅画似乎取自文艺复兴时期的思想家和艺术家非常看重的古典世界，表现了这位基督教殉道者向一群“不信基督教者”传道的虔诚形象。但是，这只是一个方面。尽管圣马可的服饰为古罗马人的样子，以便符合他于公元 1 世纪亚历山大的生活实况，然而听众的衣袍却是 15 世纪末的样式，周围的建筑物也是如此。贝利尼兄弟描绘了不同人群和文化混杂在一起的场景，这个场景既让人想到西方的教堂，也让人想到东方的集市。这幅画综合了两个世界，一个是当代世界，另一个是古典世界。艺术家在描绘公元 1 世纪亚历山大城的世界以及圣马可生平的同时，还敏锐地描绘了威尼斯与当代的、15 世纪晚期的亚历山大城之间的关系。贝利尼兄弟受托描画威尼斯主保圣人的一段生平；他们将圣马可放在当代背景下加以描绘，威尼斯的许多富人和权贵可以轻而易举地辨认出这个背景。这就是文艺复兴时期的艺术和文学为人熟知的一个特点：用过去的衣装打扮当代的世界，以此作为理解当下的手段。

西方邂逅东方

今天所谓文艺复兴的欧洲以东的那个世界的神话和现实，令贝利尼兄弟十分着迷。他们的绘画触及东方世界的特定属性，尤其是阿拉伯人统治下的亚历山大——威尼斯长期的贸易伙伴之一——的风俗、建筑和文化。贝利尼兄弟并没有将埃及的马穆鲁克人、奥斯曼土耳其人或者波斯人视作野蛮人。相反，他们敏锐地意识到这些文化所具有的许多东西，正是欧洲城邦国家所渴求的。这其中包括了贵重的商品、科技和艺术方面的知识，还有来自东方的经商之道。圣马可在亚历山大这幅画表明，欧洲文艺复兴并非是通过把东方当作对立面、而是通过广泛而复杂的思想与物质交流来界定自身的。

与贝利尼兄弟同时代的威尼斯人坦言他们对于这种交流的依赖。威尼斯正好处在商业中转站的位置上，它可以从东方市场输入商品，再向北欧市场输出。就在贝利尼兄弟创作这幅画作的同时，卡农·彼得罗·卡索拉（Canon Pietro Casola）以惊叹的口气记述了东方货物输入对威尼斯自身的影响：

> 事实上，就好像全世界都聚集到了这里似的，好像人类在这里积聚了全部的经商力量……备满货物的店铺就像仓库，一家家数都数不过来，里面卖的织物琳琅满目——各种款式的挂毯、锦缎和幔帐，各式地毯，各种颜色和质地的华丽毛织被单，各种各样的丝绸；还有许许多多充斥着香料、食品杂货和药材的货栈，以及那么多美丽的石蜡！这些东西让观看者目瞪口呆。

在整个地中海地区，东西方之间这类商品的贸易已有几百年的历史，但是，在十字军东征结束之后贸易量开始增加。从 14 世纪开始，威尼斯与热那亚和佛罗伦萨等对手争夺这一段始自红海和印度洋、终于亚历山大的商路的控制权。威尼斯和热那亚在亚历山大、大马士革、阿勒颇甚至更远的地方建立了贸易中心和领事馆。欧洲主要出口大宗货物，例如纺织品、木材、玻璃制品、肥皂、纸张、铜、盐、金和银，与此同时，它往往进口奢侈品和高价值商品。这些货物种类繁多，从香料（黑胡椒、肉豆蔻、丁香和肉桂）、棉花、丝绸、缎子、天鹅绒和地毯，到鸦片、郁金香、檀香木、瓷器、马匹、大黄和宝石，以及用于纺织品制造和绘画的鲜艳染料，不一而足。

从威尼斯到伦敦，它们对于各个社会的文化与消费产生了渐进性的、但却是深远的影响。从饮食到绘画，每个生活领域都为影响所及。正如国内经济因外国货的输入而发生变化，艺术与文化也是如此。像贝利尼兄弟这样的画家，他们调色盘的内容，也因增添了青金石、朱砂和辰砂等颜料而变得大大丰富。这些颜料都是由威尼斯从东方进口的，它们为文艺复兴时期的绘画提供了特有的鲜亮蓝染料和红染料。贝利尼兄弟在描绘圣马可的时候，以细腻的笔触再现了丝绸、天鹅绒、麦斯林纱、棉布、贴砖、地毯甚至牲畜，这反映出他们已经意识到，与东方的这些交流正在改变这个世界的眼界、嗅觉和味觉，以及艺术家再现它们的能力。

开罗、阿勒颇和大马士革的东方集市在塑造文艺复兴时期威尼斯的建筑方面也发挥了很大作用。威尼斯的艺术史家朱塞佩·菲奥科（Giuseppe Fiocco）形容威尼斯是一个“巨大的露天市场（*suq*[1]）”，而更为晚近的建筑史家已经注意到，这座城市的许多特点是以直接仿效东方图案和装饰为基础的。里亚尔托市场建筑物一字排开，与主干道平行，这与叙利亚的贸易之都——阿勒颇的城市布局惊人地相似。总督官邸和公爵宫的窗户、拱门和建筑物的装饰性门面都是从开罗、阿卡和大不里士等城市的清真寺、集市和宫殿那里汲取的灵感；威尼斯商人与上述城市从事贸易达数百年之久。威尼斯是一座典型的文艺复兴城市，不仅因为它是商业与审美奢华的结合，也因为它仰慕和仿效东方文化。

1 *suq* 源于阿拉伯语，指北非和中东伊斯兰国家的露天市场。

贷与借

文艺复兴时期的一个特点是，财富呈现出新的表现形式，以及出现了与此相关的奢侈品消费。经济史家和政治史家一直在激烈地争论14世纪以来需求与消费发生变化的原因。认为文艺复兴精神在当时处于鼎盛时期的看法与另一种普遍的看法凿枘不入，令人不可理解。后者认为，14和15世纪经历了一段严重的经济萧条时期，物价下跌，工资骤降。1348年爆发的黑死病造成的巨大影响更加重了这些问题。不过，四处蔓延的疾病与死亡，与战争一样，产生的后果之一经常是激烈的社会变迁和动荡。瘟疫过后，欧洲也出现了这种情况。除去疾病，战争也蹂躏了这一地区。西班牙和北非的穆斯林—基督教冲突（1291—1341）、热那亚—威尼斯战争（1291—1299，1350—1355，1378—1381），以及欧洲北部的百年战争（1336—1453）中断了贸易与农业的发展，产生了通货膨胀和紧缩的周期性模式。死亡、疾病和战乱产生的一个后果是，都市成为社会生活的中心，财富集中到数量虽少但却富裕的精英人物手中。

正如历史上大部分时期出现的情况一样，有些人经历了萧条和没落，有些人则看到了机会和运气。诸如威尼斯这样的邦国，利用了奢侈品需求不断增长的机会，发展出运输数量更多的商品的新办法。它们的老式桨帆船，那种细长的划船，逐渐被重型、圆底、带桅杆的船只，也就是方帆帆船所取代，在北欧港口之间用来运输大宗货物，例如木材、谷物、盐、鱼和铁。这些方帆帆船能够运载 300 多“桶”商品（1“桶”相当于 900 公升），装载量是老式桨帆船的 3 倍多。到了 15 世纪末，三桅的轻快帆船问世。这种船以阿拉伯人的设计为基础，能够装载最多 400 桶商品，速度也比方帆帆船快得多。

随着商品流通的数量和速度不断增长，商务处理方式也发生了变化。国际间基本生活用品和奢侈品进出口的平衡，信贷、利润和利率的计算，这些错综复杂的事物在今天的人们听来如此熟悉，由此不难明白文艺复兴时期为什么经常被称作现代资本主义的诞生地。信奉基督教的欧洲商人不但经营东方的舶来品，他们还因来往北非、中东和波斯各地的集市和贸易中心而吸收了阿拉伯人和伊斯兰教徒的生意经。

在 13 世纪，比萨商人莱奥纳尔多・皮萨（Leonardo Pisan），即斐波纳契（Fibonacci），在经商过程中接触到阿拉伯人计算盈亏的方法，他将印度—阿拉伯数字引入欧洲商界。斐波纳契解释了从 0 到 9 这几个印度—阿拉伯数字的性质、十进位制的使用，以及如何运用它们去解决商业中的实际问题；这些问题涉及加减乘除，计算重量和尺寸，还有易货贸易、利息收取以及汇率换算。虽说这些在今天看来一目了然，可是，不要忘了，在 15 世纪之前，加减乘除（+、−、×、÷）这些符号在欧洲可是闻所未闻。

斐波纳契所借鉴的阿拉伯商业惯例，采用了阿拉伯人此前在数学和几何学方面取得的成就。例如，代数学基本原理源于阿拉伯语 *al-jabru* 一词，意即"复原"。公元 825 年左右，波斯天文学家阿布・加法尔・穆罕默德・伊本・穆萨・花拉子密（Abu Ja'far Mohammed ibn Mûsâ al-Khowârizmî）写了一本书，内容包括十进位制的算术法则，书名为《复原和化简的规则》（*Kitāb al jābr w'al-muqābala*）。他的拉丁化名称为进一步研究现代数学的一块基石——算法——提供了基础。

斐波纳契的新方法在威尼斯、佛罗伦萨和热那亚这些商贸中心得到采纳。那里的商人意识到，为了记录日益复杂和日趋国际化的商业交易事项，采用新的方法已经成为当务之急。货款通常是用银条或金条来支付的，可是，随着销售额的增长，以及任何一项交易所涉及人员都超过两方，这就需要新的贸易方式。其中最有意义的一项创新是汇票——最早的纸币样本——的问世。汇票是现代支票的前身，它源于中世纪的阿拉伯文 *sakk*。签署支票意味着支取你的银行信用。当支票持有人用它来付款，你所在的银行就要承兑这张支票。与之相似，14 世纪的商人会使用一个有势力的商业家族签发的纸制汇票来支付寄售商品的款项，在其后的某个特定时日或者货到之日，当那个商业家族收到汇票之时，自会承兑这张汇票。为这种纸面交易担保的商业家族不久就身兼银行家和商人两职。在这些交易之中，由商人转变而来的银行家根据支付汇票所需时间的长短来收取利息，并通过操纵国际间的汇差来赚钱。

中世纪的教会依旧禁止放高利贷，而通过放贷来收取利息，就被认为是放高利贷。无论基督教还是伊斯兰教，其教义都明确禁止高利贷，然而，在实践当中，这两种文化都找到了漏洞，将其金融利益最大化。商人银行家名义上用一种货币放款，再用另一种货币收款，借此掩饰收取利息的行为。在这一过程中，还要确立一种于己有利的汇率，允许商人银行家按照借款额的一定百分比来获利。因此银行家吸收其他商人的货币“存款”，作为交换，为他人建立起足够的“信用”，将他们的汇票当作货币本身来承兑。还有一种解决办法，那就是雇请犹太商人来处理信贷交易，作为两种宗教的商业中间人；原因很简单，犹太人不受任何反高利贷的宗教禁令的限制。从这一历史偶然中衍生出反犹性质的犹太人原型，以及所谓犹太人喜好经营国际财务的臆断，这都是基督教徒和穆斯林虚伪行径的直接产物。

商人银行家的财富不断增加，地位不断提高，这为欧洲文艺复兴时期特有的政治势力和艺术创新奠定了基础。在整个 15 世纪主宰佛罗伦萨政治和文化的美第奇家族就是依靠经营商业银行发家的。1397 年，乔瓦尼·迪·比奇·德·美第奇（Giovanni di Bicci de'Medici）在佛罗伦萨创办了美第奇银行，很快，这家银行就完善了复式记账法、存款和转账业务、海事保险以及汇票发行。美第奇银行在整个欧洲负责转移教皇的基金，从而成为“上帝的银行”。到了 1429 年，人文主义学者和佛罗伦萨掌玺官波焦·布拉乔利尼（Poggio Bracciolini）认为，“金钱与维护国家的力量具有同样的必要性”，它“对共同的福祉和市民生活都很有利”。在考察贸易和商业对城市产生的影响的时候，他可以名正言顺地赞颂道，用美第奇家族赚的钱，“我们这个时代兴建了许多壮观的屋宇，辉宏的别墅，教堂、柱廊和医院”。

东方邂逅西方

在整个 14 和 15 世纪，国际贸易和新的财务惯例造就了商品的生产和消费。1453 年，英法百年战争结束。和平带来的一个结果是，南北欧之间的贸易得到了加强。在欧洲的另一端，1453 年发生了一个同样重大的事件。就在这一年，信奉伊斯兰教的奥斯曼帝国最终征服了君士坦丁堡。君士坦丁堡落入奥斯曼军队之手标志着国际政治力量发生决定性转移。它印证了奥斯曼帝国已成为欧洲最强大的帝国之一，是随后文艺复兴艺术和文化的一个塑造者。

1453 年春，超过 10 万大军围困君士坦丁堡。是年 5 月，苏丹穆罕默德二世（Mehmed II）攻陷了这座城市。作为拜占廷帝国的首都，君士坦丁堡是古典罗马世界与 15 世纪意大利之间的最后一丝联系。它成为诸多有关古典文化的学问的复兴渠道，这最初得力于苏丹穆罕默德的鼓励襄助。此人熟知意大利君主的政治抱负和文化品味，这促使他雇请意大利人文主义者；这些人“每天向苏丹诵读古代史学家（例如拉尔修 [Laertius]、希罗多德 [Herodotus]、李维 [Livy] 和昆图斯·库尔提乌斯 [Quintus Curtius] 等人）的作品，以及历任教皇和伦巴底诸王的编年史”。如果说文艺复兴与古典理想的重生相关，那么穆罕默德即是它的拥护者之一。他的图书馆超过了意大利美第奇和斯福尔扎（Sforza）家族的图书馆，如今大部分馆藏保存在伊斯坦布尔的托普卡珀宫，藏品当中包括托勒密（Ptolemy）《地理学》、荷马（Homer）《伊利亚特》的手抄本，以及其他古希腊文、希伯来文和阿拉伯文的典籍。他公然将自己的帝业与亚历山大大帝（Alexander the Great）的帝业相提并论，自认为是凯撒第二，能够征服罗马，统一本书所提到的三大宗教：基督教、伊斯兰教与犹太教。

与文艺复兴时期许多其他热衷于帝国权力的领袖一样，穆罕默德利用学术、艺术和建筑来伸张自己绝对的政治权威。他着手于一项雄心勃勃的建筑方案。这项方案的内容包括：令犹太教和基督教的商人和手工业者向这座城市再移民；建立大型集贸市场，确立这座城市作为国际贸易中心的地位；将它重新命名为伊斯坦布尔。他改造了圣索菲亚大教堂，把它变成了该城第一座皇室清真寺。与此同时，他雇请意大利建筑师协助兴建新皇宫托普卡珀宫。它体现了一种新的国际性建筑格调，借鉴了古典的、伊斯兰教的和同时代意大利的风格。这样的大兴土木其目的在于兴建“一座让先前所有宫殿都黯然失色，在外观、规模、耗资和优雅方面都更加令人赞叹的宫殿”，奥斯曼帝国的一位评论者如是说。这种国际性的文艺复兴风格既能得到穆斯林的认可，也能得到基督徒的认可，正如威尼斯大使所证实的那样；他称赞托普卡珀宫是“世界上最漂亮、最舒适和最为神奇的宫殿”。与文艺复兴时期许许多多的建筑物与艺术品一样，托普卡珀宫既是独到的创造性行为，又带有强烈的政治性色彩。这两种冲动密不可分，构成了文艺复兴时期的一个显著特色。

东西方的城邦与帝国之间的这种国际竞争激励了整整新一代文艺复兴思想家、作家和艺术家。很多人主动为穆罕默德效力，他们当中的威尼斯画家秦梯利·贝利尼为穆罕默德绘制了一幅画像，这幅画现在还悬挂在伦敦的国家美术馆。贝利尼带着穆罕默德赠送的礼物和“一副按照土耳其样式精心打造、重量相当于250金克朗的链条”回到了威尼斯。在《圣马可在亚历山大传教》这幅画中，在圣马可布道坛的脚下，是秦梯利的一幅自画像，他的脖子上还挂着穆罕默德赠送的链子。贝利尼骄傲地显示穆罕默德的恩顾，并且运用他在伊斯坦布尔的经历为笔下的亚历山大添加了异国的细节。

这些交流很快就影响到了今天所谓文艺复兴时期艺术的风格。当意大利艺术家科斯坦佐·达·莫伊西斯（Constanzo da Moysis）也前往伊斯坦布尔为穆罕默德效力时，他的油画和素描借鉴了波斯和奥斯曼艺术的传统手法。被认为是科斯坦佐所作的名为《坐着的抄写员》的羽毛笔和水粉素描是一幅以奥斯曼抄写员为主人公的娴熟习作，右上角有波斯文的题词。画家运用了鲜亮的、平涂的色彩，一丝不苟于服装、姿势和图案的细节，这些都表明

图 3 科斯坦佐·达·莫伊西斯精美的画作《坐着的抄写员》

科斯坦佐吸收了中国、波斯和奥斯曼帝国艺术风格的种种原则。影响的双向交流可见于一幅出色的模仿科斯坦佐素描的作品：《穿土耳其服装的画家》。据认为，这幅画出自

图 4 波斯艺术大师比赫扎德的《穿土耳其服装的画家》

15 世纪波斯艺术家比赫扎德（Bihzâd）之手，它比科斯坦佐的作品晚几年完成。比赫扎德师法了科斯坦佐，同时巧妙地将抄写员变成画家。画中画家所创作的那种伊斯兰风格的画像，正是科斯坦佐早先模仿的。两位艺术家都借鉴了对方的美学创新，结果，很难肯定地说哪一幅画是“西方的”或“东方的”。

1520 年，奥斯曼苏丹伟大的苏莱曼即位，这更加强了艺术与外交的交流。苏莱曼委托佛兰德斯的织工编织豪华的挂毯，委托威尼斯的金匠制作珠宝和皇冠。1532 年，他率军围攻维也纳时就戴着这顶皇冠。他委托奥斯曼帝国伟大的建筑家米马尔·科贾·锡南（Mimar Koca Sinan）兴建了一座又一座宫殿、清真寺和桥梁，要与意大利的君主互争高低。锡南借鉴了土耳其—伊斯兰建筑传统以及圣索菲亚大教堂提供的拜占廷建筑遗产，在 16 世纪早期的伊斯坦布尔建造了一座又一座以穹顶为中心的清真寺。当教皇尤里乌斯二世（Julius II）雇请多纳托·布拉曼特（Donato Bramante）、后来又请米开朗琪罗重建罗马圣彼得大教堂之时，他们的设计方案借鉴了圣索菲亚大教堂的半圆顶和光塔，还借鉴了锡南设计的清真寺和宫殿。奥斯曼帝国与意大利的建筑师借鉴了一个共享的智识和美学传统，争相重建他们的帝国城市。

这类交流和竞争表明，在文艺复兴时期，东西方之间并不存在明确的地理或政治分界。掩盖这两种文化之间在贸易和思想上自由交流的，是很久以后在 19 世纪出现的看法；这种看法认为，伊斯兰东方与基督教西方在文化和政治上截然不同。双方固然经常发生宗教和军事冲突，不过，重要的是，尽管存在这些冲突，它们之间的物质和商业交流持续进行，并且为双方取得文化成就都创造了一个非常有利的环境。它们从一个充满竞争的古典过去共同继承下来的文化遗产，促成了新成就的产生，这些新成就就是我们今天所认可的典型的文艺复兴时期成就。

风向的变化

奥斯曼帝国控制了君士坦丁堡之后，并没有切断东西方之间的文化接触，它只是对这类交流活动征收税金。奥斯曼当局在通往波斯、中亚和中国的陆地商路上征收关税，可是，这种做法恰恰造就了新的经商之道。百年战争的结束极大地刺激了南北欧之间的商业流通，进一步强化了欧洲对东方舶来品的需求。这种形势促进了商业交易规模的扩大，促使欧洲基督教国家想方设法躲避沉重的关税。大部分东方商品都是用欧洲的金银来购买的。由于中欧的矿藏开始枯竭，而关税飚升，因此需要开拓新的收入来源：这直接导致了探险和地理发现活动的增多。

几个世纪以来，黄金通过北非和穿越撒哈拉沙漠的商路流入欧洲。苏丹金矿开采的黄金就是沿着这些路线被运到突尼斯、开罗和亚历山大。在这些地方，意大利商人用欧洲的货物交换黄金。15 世纪初，葡萄牙王室和商人开始意识到，沿着非洲海岸航行可以深入黄金和香料市场原产地，这样就不必经过奥斯曼帝国境内的陆地商路，以免支付税金。这项雄心勃勃的计划需要组织和资本。到了 15 世纪中叶，德意志、佛罗伦萨、热那亚和威尼斯的商人开始资助葡萄牙人沿西非海岸的航行，并向葡萄牙国王按一定百分比交付任何收益的一部分。

不过，从这些非洲商路回流到欧洲的不仅仅是黄金。威尼斯商人阿尔维塞·卡达莫斯托（Alvise Cadamosto）

在塞内加尔南部途经一个名为“布多梅尔”的酋长国时用7匹马换了100名奴隶，这7匹马“最初只花了我300金达克特”。在这位威尼斯人看来，这是一桩有利可图的交易，基于当时普遍接受的交换比例，即9到14名奴隶换1匹马（据估计，在这一时期，威尼斯有3,000多名奴隶）。卡达莫斯托的记述写于1446年，据他估计，每年从阿尔金地区运走的奴隶有1,000名。他们给带到里斯本，再贩卖到欧洲各地。这种奴隶贸易体现了欧洲文艺复兴最黑暗的一面，它标志着大西洋两岸奴隶贸易的开端。在以后的几百年里，奴隶贸易给数以百万计的非洲人带来了悲惨和苦难的境遇。为文艺复兴伟大的文化成就提供资金支持的经济正是从这种无耻的人口贩卖中获利，指出这一点，可以让人头脑清醒一些。

回流到欧洲大陆的非洲黄金、胡椒粉、布匹和奴隶，连同那些购自东方的商品，也为从全球角度理解早期现代世界播下了种子。1492年，就在哥伦布首次驶向新世界的前夕，德意志布商马丁·贝海姆（Martin Behaim）发明了一样东西；它融汇了全球各地的经济情况和艺术创新，而这种融合正日益成为这个时代的特色。它是目前所知世

图 5 第一个现代地球仪于 1492 年在纽伦堡由从西非返回的德意志商人马丁·贝海姆制成

界上第一个地球仪。贝海姆的地球仪上标有 1,100 多个地名和 48 位君主及统治者的小画像，还有关于商品、商业活动以及商路的传说记载。这个地球仪是文艺复兴世界的商业地图，它的发明者既是商人又是地理学家。贝海姆记录了他本人 1482 到 1484 年在西非的经商经历。这些经历多少表明了他数次航行的动机。他航行时“携带各种货物和商品，准备出售和从事易货贸易”，其中包括“准备赠给摩尔人国王的马匹”，以及“预备拿给摩尔人看的各种香料样本，以让他们明白我们想从他们国家得到什么”。香料、黄金和奴隶，这些商品托承起文艺复兴世界产生的第一个真正全球性的形象。

这类文化和商业的影响不是完全单向的。一位葡萄牙编年史家指出，“在塞拉利昂，那里的人非常聪明，能够制作极为美观的物品，例如勺子、盐碟和匕首柄”。这里直接提到了“非洲—葡萄牙象牙制品”。塞拉利昂和尼日利亚等地的非洲艺术家所雕刻的这些精美艺术品融合了非洲的风格与欧洲的主题，创造出对两种文化而言都别具一格的杂交性物品。盐碟和狩猎用的象牙号角在这类雕刻中尤为常见，并为阿尔布雷希特·丢勒（Albrecht Dürer）和美第奇家族这类人物所收藏。其中有一个盐碟尤为引人注目，其制作时间为16世纪初，盐碟上雕有四个葡萄牙人，他们头上顶着一个篮子，篮子上安放着一艘葡萄牙航船。一名水手从桅杆瞭望台向外偷看，平添了一丝幽默感。服饰、武器和缆绳方面的种种细节显然是源于制作者对葡萄

图 6 16 世纪初制成的一个比尼—葡萄牙风格的盐碟，由葡萄牙旅行者设计、非洲手艺人雕刻：其结果是一件全新的文艺复兴艺术品

牙海员的细致观察，以及同他们的交往。学者们认为，这些雕刻作品是为了向欧洲出口而设计的。当16世纪的葡萄牙开始兴建纪念碑、颂扬它在非洲和远东的商业力量的时候，这些刀法精致的美须髯、垂辫发和扭曲变形的人物面貌，深刻影响了其建筑风貌。

第二章

人文主义手迹

1466年11月，特拉布宗的乔治（George of Trebizond）——15世纪最负盛名的人文主义学者之一——被教皇保罗二世（Paul II）降旨关入罗马监狱，备受苦楚。自从50年前他作为一名讲希腊语的学者来到威尼斯，在古希腊罗马经典作家的启发之下，他已成为当时新的智识和教育技艺的一名卓越的实践者。他利用自己娴熟的希腊文和拉丁文出版修辞学和逻辑学教科书、翻译和注解亚里士多德（Aristotle）和柏拉图（Plato）的著作而迅速跻身显赫地位。

在教皇尼古拉五世（Nicholas V）的赏识之下，1450年，乔治担任教皇的秘书，并在罗马学园主讲新开设的人文主义课程，也就是所谓的“人文学科”。但是，年轻一代的人文主义学者起而批评乔治的译著。1465年，乔治前往征服者穆罕默德的新都城伊斯坦布尔，即从前的君士坦丁堡。了解到穆罕默德的学术兴趣，他为古希腊地理学家托勒密的《地理学指南》写了一篇前言。在前言中他写道："在当前的生活中，最美好莫过于侍奉一位贤明的、从哲理角度思考天下大事的君主。有鉴于此"，他将此书题献给苏丹。乔治还把自己比较亚里士多德和柏拉图思想的论著题献给苏丹。回到罗马后，他一封接一封地给穆罕默德写信，声称"上帝赐予（穆罕默德）一统世界的机运如此宏大，可谓前无古人，后无来者"。从他辞气浮露的书信和献词之中可以看出，他显然将穆罕默德视为能够欣赏他学术才艺的恩主。当教皇得知乔治对苏丹的恭维颂扬，甚为不悦，把他关了起来。乔治入狱时间不长。他后来在布达佩斯呆了一段时间后，又回到罗马。其时他的修辞学和论辩法著作再现勃勃生机，原因是，这些书籍通过一种新的发明——印刷出版术——得到广为发行。

本章考察最为复杂和最有争议性的哲学术语之一"文艺复兴时期的人文主义"的兴起，以及它与前现代世界最重要的一项技术发展——印刷出版术的发明——之间的密切关系。将这两项发展统一起来的正是书籍。15 世纪初，有识字能力和有财力购书的都是各国极少数的精英人士，这些人主要集中在君士坦丁堡、巴格达、罗马和威尼斯等中心城市。到了16世纪末，人文主义与印刷出版术已造就了一场精英人士和普通民众两者都包括在内的对于阅读、写作以及知识地位的理解的革命；这一革命是通过书籍的印刷出版来实现的，而书籍的印刷出版越来越集中于北欧。

特拉布宗的乔治本人的生涯经历了智识思想与书籍发展史上的一个关键性时期。就在这一时期，整整一代知识分子借鉴古希腊和古罗马作家，发展出一种新的学术方法，即所谓“人文学科”。这些学者将自身塑造为“人文主义者”，下大工夫理解、翻译、出版和讲授古代典籍，以此为手段理解和改造当下时代。文艺复兴人文主义逐渐取代了它从中衍生的中世纪经院哲学传统。它系统地提倡古典作品研究，认为这是培养成功的、有教养的、文明的个体人士所不可或缺的，而这些个体人士则凭借这些技能在日常的政界、商界和宗教界出人头地。

人文主义的成功之处在于，它声称能够为追随者提供两样东西。首先，它培养了一种信念：熟读经典可以让人更加出色，更有“人性”，让人得以反思个体所面临的有关个体所在社会的道德和伦理问题。其次，它让学生和雇主相信，学习古代典籍可提供将来在各级文官政府担任大使、律师、教士或文书等职的必要的实用技能；这样的文官政府是于 15 世纪开始出现在整个欧洲的。在翻译、书信写作和公共演说方面的人文主义训练，对于那些想跻身于社会精英阶层的人士而言，是一种奇货可居的教育。

这种情况听起来似乎与那种对人文主义者浪漫的、理想化的描述相去甚远；根据那种描述，人文主义者抢救出古典文化的巨著，从中汲取智慧，用以创建一个文明社会。可事实确实如此。文艺复兴时期的人文主义有其实用目的，它为职务晋升提供了框架，尤其为政府部门准备了人才。现代人文学科教育就是根据相同模式建立起来的（“人文学科”这个术语本身即来自拉丁文 *studia humanitatis*）。它承诺提供同样的好处，也可说保留了同样的缺陷。它借重于这样一种假定：非职业性的文科知识学习能够增强教养，而且可以提供在工作中出类拔萃所需要的语言和修辞技能。然而，这个假定却暗含了持久不变的张力，这种张力可追溯到文艺复兴时期的人文主义。

在这些冲突当中，有许多可见于特拉布宗的乔治的经历中。他的经历显示出，文艺复兴时期人文主义的发展是一桩费人心血的实务，它需要悉心搜寻、翻译、编辑、出版和教授古代典籍。乔治将写作、翻译和教学结合在一起，这表明，人文主义主要是在课堂上取得了成功，它为学生就业提供了实用性准备。新的课程和传授要求于人文主义教育的高难技能的新方法被引入。人文主义依赖于讲授和传播其思想理念的学术群体的产生，然而，这个学术群体的成员也经常就人文主义发展的性质和方向发生争执，由此产生了种种恶性的争论和激烈的明争暗斗，这些乔治都经历过，他的生涯因此而受到损害。人文主义向统治精英兜售其技能，劝说他们重视人文主义教育在语言、修辞和行政管理等方面提供的专门知识。

然而，像这样宣扬人文主义经常可能遇到麻烦，当乔治试图将智识的效忠对象和人文技能从一位有势力的恩主（教皇保罗二世）转移到另一位（征服者穆罕默德）身上之时，他就发现了这一点。作为结果，人文主义开始依靠课堂和印刷出版这一革命性的媒介来集中精力传播自己的方法。人文主义与印刷结盟，使学者得以出版发行规格统一的著作，发行数量之巨大，远远超过手抄稿的复制能力。这一联合造成的影响是，识字率随之大幅提升，学校数量激增，人们前所未有地强调教育是社会化的工具。

劝导者

文艺复兴人文主义的历史始于 14 世纪意大利作家兼学者彼特拉克。他与法国阿维尼翁的教廷关系密切，他父亲在那里当文书——精于管理大量教廷文件的学者。彼特拉克对于那些被忽视的古典罗马作家——尤其是西塞罗（Cicero）、李维和维吉尔（Virgil）——的修辞和文体特性很感兴趣，他借鉴了这些学术传统。他开始拼集诸如李维的《罗马史》这样的典籍，校勘各种手稿的残存片断，更正语言讹误，并且模仿它的风格，写出一手语言流畅、修辞雄辩有力的拉丁文。

彼特拉克还到图书馆和修道院搜罗古代典籍。1333 年，他发现了罗马政治家和演说家西塞罗一篇演讲的手稿，《对诗的赞美歌》（*Pro Archia*）。这篇演讲探讨了“人文学科”的种种优点。彼特拉克称这篇演讲“充满赞美诗人的精妙之言”。西塞罗对彼特拉克和后来人文主义的发展至关重要，因为他为有教养的个体如何将生活中哲理和沉思冥想的一面与积极进取和热心公共事务的一面结合在一起提供了新的思考方式。在他的名篇《论演说家》（*De Oratore*）中，西塞罗将修辞学和演讲术与哲学进行对比，提出这个问题。在西塞罗看来，“演讲术的全部技艺面向公众，并在某种程度上与人类共有的实践、风俗和言语相关”。另一方面，哲学与个人的深思冥想相关，远离“公共旨趣”，事实上，它脱离“任何事务”。彼特拉克在论著《孤寂的生活》（*De Vita Solitaria*）中探讨哲学家和演说家的角色时，采用了西塞罗的区分：

> 他们的生活方式千差万别，所致力的目的完全对立，这使我相信，哲学家的想法与演说家从来都不相同。因为后者努力争取听众的掌声，而前者力求做到——如果他们所宣称的是属实的话——认识自身，让灵魂反归本真，藐视空洞的荣誉。

这就是彼特拉克人文主义的蓝图：通过运用修辞和劝导，将哲学对个体真理的求索与有效发挥社会作用的实际能力结合起来。为了获得这种完美的平衡，有教养的个体需要接受各门人文学科的严格训练，这些学科包括语法、修辞、诗歌、历史和伦理学。

这条理由非常高明，它赋予早期人文主义者的权力和名望远远超过他们的前辈经院哲学家。中世纪经院哲学也教授学生拉丁文、书信写作和哲学，但是，一般说来，经院哲学的教师和思想家都要屈从于他们效力的当权者（通常是教会）。根据西塞罗的界定，有教养的人文主义者能够理性地思考人性，同时还能够向精英人士教授公开演说和劝导的技能。西塞罗的定义赋予人文主义及其实践者向社会及政治机构“兜售”他们的思想以更大的自主权。然而，人文主义绝不是一场色彩鲜明的政治运动，虽说只要于某方面有益，有的实践者乐于看到它的方法被各种意识形态所用。人文主义者自称是演说家和修辞学家，是文体而非政治学大师。单从表面上看人文主义者的写作题材常常是个错误。这类作品是一种高度形式化的写作练习，目的是训练文字风格和修辞手法。对于特定的议题，它们经常喜欢采取辩证的方法，既赞同又反对。人文主义的胜利在于，它能够运用修辞、演讲和论辩的才艺，让一切潜在的政治主顾相信它的服务是有用的，不管这政治主顾是拥护共和政体还是赞成君主政体。

回到初始阶段

到了15世纪中叶，人文主义实践开始遍布于学校、大学和宫廷。它对修辞和语言的强调提升了书籍这一物质性和智识性实物的地位。人文主义对于拉丁文的说、译、读、甚至写的修正，都以书籍这一方便携带的实物为中心。这些思想都通过书籍得以传播。但这些人文主义理想在实践中怎样发挥作用呢？有一个极为生动的例子能够说明人文主义理论与课堂实践之间的鸿沟，这个例子源于一位最受尊敬的人文主义教师的经历，他就是维罗纳的瓜里诺·瓜里尼(Guarino Guarini of Verona，1347—1460)。瓜里诺受雇于费拉拉的埃斯特（Este）王朝，自1436年起，他就在那里担任修辞学教授。

瓜里诺作为一名教师，他成功的原因在于能够向学生和恩主推销出一种人文主义教育观，这种教育观将文明的人性价值与社会进步所不可或缺的实用性社会技能结合在一起。在一篇讨论西塞罗的导论性讲稿中，瓜里诺问道：

> 除了用以引导、命令和抑制我们自己、我们的家庭和我们的政府的艺术、规诫和研究之外，我们的思考和努力哪里还有更好的目标[?]……因此，你们这些优秀的年轻人和绅士，要一如既往地致力于西塞罗式研究，这类研究令我们的城市有充足理由对你们怀有深厚希望，并且会给你们带来荣誉和快乐。

这是一群接受过修辞学和劝导术训练的教师和学者传播的一种看法；难怪它在当时一下子就被人们所接受，并且直到今天，它还在影响人文学科的学生。

然而，瓜里诺的课堂并非像他所承诺的那样，一定造就出人文气息浓厚、精英式的公民。他教育学生潜心学习语法和修辞，这主要依靠勤记笔记、死记硬背典籍，以及在一轮又一轮似乎永无休止的基础练习中进行修辞模仿。学生几乎没有时间从哲学角度反思所分析的典籍的性质，而且，学生的听课笔记表明，他们只是掌握了新的说写方式的一点皮毛，而瓜里诺等人文主义者认为，这些新的说写方式是人文主义教育的基础。这些语言和修辞的基础课程确实为学生日后在司法界、政界和宗教界谋取初级工作职位提供了预备性训练，尽管这与瓜里诺在他那些导论性讲演中所承诺的崇高境界相去甚远。

瓜里诺的方法甚得他的政治恩主的欢心。一遍又一遍训练学生掌握细枝末节的语法要点培养了学生被动、忠顺和驯服的性格。如果这样未能见效，就按照惯例施加规训和惩治。瓜里诺也鼓励学生顺从统治精英的政治，不管他们是共和派，还是君主派（例如他本人的恩主埃斯特家族）：

> 不管统治者颁布什么命令，都要心平气和、面带愉悦之色去接受，因为这样做会讨得统治者的欢心，令得自己和亲属飞黄腾达，占据高位。

对于大部分人文主义学生而言，人文主义针对新的个体观而提出的学习修辞学的要求，实际上让他们能够在新兴的文官政府机构中谋到职位。瓜里诺确保了政治顺从与这类职位所需要的实际技能之相称。这就保证了掌权阶层不断地资助那些传播人文主义理念的学校和大学。

女性在人文主义者家中的地位

人文主义的修辞学可能会令人产生这样一种期待，即它会给女性带来新的智识和社会机运。实际上，人文主义与女性之间的关系相当矛盾。莱昂·巴蒂斯塔·阿尔贝蒂（Leon Battista Alberti）在他的论著《论家庭》（1444）当中，界定了一种人文主义的家庭事务观，即家庭事务由男性主宰、女性经营：

> 至于家中琐事，我就交由我的妻子照料……如果我妻子抛头露面，出入市场，在男人堆里忙来忙去，就会让人看不起我们。而若当我需要与男人、公民同侪和值得尊重并且身份高贵的外国人一起，做男人该做的事情时，却被关在家里与妇女呆在一起，这也多少有辱我的身份。

能言善辩、忙于公共事务的男性与他那沉默寡言、照看家务、一直“关在家里”的妻子形成了鲜明对照。妻子所受的唯一训练是操持家务。为了确保家务被照管得妥妥帖帖，丈夫向妻子托付家中一切家当，只有一项例外：只有“我的书籍和笔记”秘不示人，“这些东西我的妻子不但不能读，也不能碰”。一想到“那些胆大妄为的女人千方百计想要了解家庭以外的事情，以及丈夫们和一般男性所关心的事务”，阿尔贝蒂就感到焦虑。

阿尔贝蒂的态度影响了人文主义者对精英阶层中那些挑战社会为她们指定的角色、想要通过人文主义学习获取才能的女性的反应。人文主义者并非全盘反对女性求学，但他们固执地认为，事情只能到此为止，不许她们再越雷池一步。按照市民人文主义的伟大英雄汉斯·巴龙的说法，莱奥纳尔多·布鲁尼在 1405 年前后的一篇演讲词中发出警告：让女人学习几何、算术和修辞是一件危险的事情，因为“如果一个女子在讲话的时候猛挥双臂，或是声若洪钟，铿锵有力，她就会显得精神失常一般面目狰狞，需要加以约束”。女性可以学习修身养性、端庄稳重和持家技能，但是，人文主义者不赞成她们学习能够让人在社会上、职业上出人头地的应用学科正规专业知识。

尽管存在这类敌视态度，一些博学的女性还是想开创自己的智识生涯。法国作家克里斯蒂娜·德·皮桑

（Christine de Pizan）在《女性之城》（1404—1405）中认为，“那些出于嫉妒而对女性横加指责的人，都是一些心地叵测的男人，他们看到并且认识到，许多女性智力上超过了他们，行为也比他们高尚”。15世纪30年代，维罗纳的伊索塔·诺加罗拉（Isotta Nogarola of Verona）回应了那些攻击女性多嘴饶舌的言论：“与其说是女性比男子多话，不如说是她们的口才和德行都在男子之上。”

然而，这种尝试出书和演讲的举动在当时人看来是新鲜事而非职业活动。1438年，一位匿名小册子作者诽谤伊索塔的“直抒己见”。他将她的博学与性乱行为混为一谈，粗俗猥亵地一语双关道：“拥有一条妙舌的女子绝不可能贞洁”。一旦女性跨越了界线，从一名学业有成的学生变成了公共领域的演说家，人文主义者的反应是，要么批评她们性欲过盛，要么把她们的智识对话当成恋人之间的絮语，而加以神秘化和轻视。

文艺复兴时期的人文主义并非一定为妇女创造了新的机会。它鼓励妇女受教育是把这当成一种社会点缀和自为的目的，而不是当成帮助妇女走出家庭进入公共领域的手段。那些苦苦挣扎的男性人文主义教师和学生，确立起自己的社会地位、谋到工作职位已经殊为不易。女性在社会上出人头地的可能显然让他们感到威胁，还很可能感到尴尬，因而无法容忍。不过，文艺复兴时期的人文主义修辞学颂扬了教育和雄辩的种种优点，而只要一有可能，女性就会试图利用这些发展所提供的机会。如果说女性的确经历过一场文艺复兴的话，那么，它通常是在无视男性人文主义者反对的情况下取得的。

印刷出版：一场传播革命

15 世纪 60 年代中期，阿尔贝蒂写道，他“衷心地称许一位德意志发明家，此人最近制作了一些铅字印模，可以让 3 个人在 100 天内将一本原典印制出 200 多本，因为每模压一次，就会印出一页版面”。1450 年左右活字印刷在德意志的出现，是文艺复兴时期最重要的技术和文化创新。正如阿尔贝蒂所表明的那样，人文主义很快就看到了利用批量复制手段的实际可能性。不过，印刷术的革命性影响在北欧最为显著。

印刷术的发明源于 15 世纪 50 年代约翰·谷登堡

（Johann Gutenberg）、约翰·富斯特（Johann Fust）与彼得·舍费尔（Peter Schöffer）在美因茨的商业和技术合作。谷登堡本是一名金匠，他运用自己的专长铸造出用于活字印刷的金属模。舍费尔是一名缮写员，写得一手好字，他利用自己抄写手稿的技能对印刷文本进行设计排版。富斯特则提供了资金。印刷是一个合作的过程，它主要是企业家为牟利而从事的一项商业活动。借助于东方人在更早时候发明的木刻印板和造纸术，谷登堡及其团队于 1455 年印刷了一版拉丁文《圣经》，又于 1457 年发行了一版《祷告诗篇》。

按照费舍尔的说法，印刷纯粹是“一门不使用芦杆或笔的人工书写艺术”。起先，这一新的媒介并没有认识到自身的重大意义。早期印刷的许多书籍利用那些学过手稿图案花饰设计的抄写员来模仿手稿特有的外观。这些半是绘制、半是印刷的书籍装帧豪华，这表明，这些书籍本身就被视为贵重商品，其内容与外观同样得到重视。财力雄厚的恩主，例如埃斯特家族的伊莎贝拉（Isabella）和征服者穆罕默德，一边购置比较传统的手稿，一边购置这类印刷本图书。

到了 1480 年，德意志、法国、荷兰、英国、西班牙、匈牙利和波兰的主要城市都已成功地建立起印刷出版机构。据估计，至 1500 年，这些出版机构已印刷了 4 万种、600 万至 1,500 万册书籍，超过罗马帝国陷落以来书籍出版的总和。16 世纪的出版数量更是惊人。仅在英国一地就印了 1 万种书籍，而当时欧洲人口还不到 8,000 万，发行的书籍册数却至少有 1 亿 5,000 万。

印刷品大量流传造成的结果是，知识与传播发生了革命，从上到下影响了整个社会。书籍发行的速度和数量表明，印刷品培养了新的读者群，他们急于消费出版机构印制的各式材料。印刷本图书容易获得，而且价格相对低廉，这也意味着，有购书能力的人超过了以往任何时候。印刷是一桩有利可图的生意。随着欧洲各国越来越多的人以本国的民族语言（德语、法语、意大利语、西班牙语和英语）作为言说和书写的媒介，印刷出版业越来越倾向于出版以这些语言写就的书籍，而不是拉丁文和希腊文的书籍，后者只对少数读者有吸引力。各国民族语言逐渐标准化。在大部分欧洲国家，它们成为司法、政治和文学交流的主要手段。以日常语言印刷的大批书籍推动了使用同一民族语言的人们塑造其民族共同体的形象。这最终使个体根据民族关系而不是宗教关系或臣属关系来界定自己的身份。这种情况给宗教权威造成了严重后果，天主教会的绝对权威遭到削弱，世俗色彩更浓的新教思想开始兴起。

印刷渗透到公共和私人生活的每一个领域。印刷出版机构最初发行宗教类图书——圣经、祈祷书、布道书和教义问答，但是它们逐渐地也开始出版比较世俗化的图书，例如传奇故事、游记、小册子、大幅传单和生活指导手册，后者的内容包罗万象，从吃药看病到妻子义务，都是它们提供咨询的范围。到了16世纪30年代，一本印刷小册子与一个面包同价，而一本《圣经·新约》的价格相当于一个体力劳动者一天的工资。以听、看、说为交流基础的文化逐渐演变成为以读和写为互动方式的文化。文学文化开始出现，它以半自主性的印刷出版业为中心，而不是以宫廷或教会为中心。它的内容由需求和利润决定，而不是由宗教正统观念或政治意识形态决定。印刷所将智识和文化的创造力转变成一项协作事业，因为印刷工人、商人、教师、抄写员、翻译者、艺术家和作家都把自己的技能和资源集中投入进去，以创造出最终的成品。15世纪末威尼斯的阿尔都斯·马努蒂乌斯（Aldus Manutius）开办的印刷所被一位印刷史家比作集血汗工厂、包饭宿舍和研究机构于一体。这样的印刷出版机构借着印刷出版业大举开拓新市场的机会，创造了一个由印刷工、金融家和作家组成的国际共同体。

印刷也改变了人们理解和传播知识本身的方式。手稿具有独一性和不可复制性。然而，具有标准版式和字模的印刷术开始进行精确的批量复制。这就意味着，身处异地的两位读者能够就同一本书进行探讨和比较，他们研讨和比较的范围可以延及某一页上具体的某个词语。由于印刷本图书开始引入统一的页码、索引、按字母排序的方法和参考文献（这些都是在手稿本中无法想象的），知识自身慢慢被重新包装。版本研究变成一门累积的学科，因为学者们现在能够搜集起某一典籍的各种手稿（例如亚里士多德的《政治学》），在比较所有现有本子的基础上，印制出一个标准的权威版本。这也导致了新版和修订版现象的出现。出版商意识到，各种新发现和更正的成果可被吸收到作者的文集中。这样做不仅体现了智识的严谨，而且在商业上有利可图，因为个体有可能受到鼓动去购买已有图书的新版本。有关语言和法律等学科的具有开创意义的参考书和百科全书声称采取了按照字母和年代先后排序的新方法，为知识重新进行了分类。

印刷出版机构不仅印制文字文本。印刷产生的革命性影响还包括威廉·艾文斯（William Ivins）所称的“可准确重复的图式表述”。先是采用木刻，后来又采用更为复杂的铜版镌刻，印刷业使得批量发行规格统一的地图、科学表格和示意图，以及建筑图纸、医学草图、漫画和宗教画像等成为可能。在社会天平的一端，耀眼夺目的印刷图像对不识读写者产生了巨大影响，尤其是在这些图像用于宗教目的之时。在社会天平的另一端，精确复制的图像革新了地理学、天文学、植物学、解剖学和数学等学科的研究。印刷术的发明引发了一场传播革命，其影响绵亘数个世纪，能与其相提并论的只有国际互联网的研发和信息技术革命。

人文主义出版物

人文主义者很快就认识到，印刷出版具有传播他们的思想观点的力量。最负盛名的北欧人文主义者鹿特丹的德西迪里厄斯·伊拉斯谟（Desiderius Erasmus of Rotterdam，1466—1536）就以印刷出版为手段，传播自己的人文主义思想，而且，在这一过程中，他自觉地以“人文主义王子”自命。有人认为，早期人文主义者更感兴趣的是古典异教作家，而不是基督教，为了回应这类说法，伊拉斯谟着手于《圣经》的翻译和疏正，最终出版了以拉丁译文为对照的希腊文版《新约全书》（1516）。一些意大利人文主义者认为他的那套北欧人文主义“野蛮无文”，在《西塞罗的崇拜者》（1528）一文中，伊拉斯谟进行了反击。他奚落崇拜西塞罗的人文主义者讲求拉丁文风格的修辞的纯正，认为“西塞罗的崇拜者最应关注的是理解基督教的神迹，以西塞罗研读哲学家著作的热情去阅读圣典”。

伊拉斯谟致力于将他那种深受古典启发的道德教育与基督教哲学（*philosophia Christia*）融汇在一起；基督教哲学是一门以耶稣为中心、强调个人信仰的哲学。他的著作卷帙浩繁，其中有古典作品（包括塞内加 [Seneca] 和普卢塔克 [Plutarch] 的作品）的翻译和注疏、拉丁文谚语集、有关语言和教育的论著，以及大量的书信，这些书信都是写给欧洲各地的朋友、印刷商、学者和统治者的。今天人们读得最多的他的作品是讽刺性的《愚人颂》(1511)。这是一部"辛辣的讽刺之作",它对教会腐化和自满的攻击尤为严厉。书中将教会描绘成以"诲人为难事,祈祷为烦事,眼泪为软弱和女人气,贫困为丢脸,温顺为耻辱"。

伊拉斯谟令人生畏的智识能量大部分都投入到了创建一个常在的学术群体和一种持久的教育方法中,处在这桩事业核心的是他本人的出版著作,以及他作为首屈一指的"文人"的地位。印刷出版对于伊拉斯谟操控其智识生涯、乃至操控其个人形象的传播至关重要。1526年,丢勒答应替他制作一幅版画画像。伊拉斯谟和丢勒利用这种新的印刷技术传播了这位人文主义学者令人印象深刻、具有纪念意义的肖像:他坐在书房中写信,周围都是印刷成册的书籍。这些书籍正如丢勒的希腊文题词所表明的那样,体现了伊拉斯谟经久不衰的声誉:"他的著作将为他勾勒出一幅更出色的肖像。"

1512年,伊拉斯谟出版了他最具影响力的著作之一——《箴言》(*De Copia*),这是一本练习拉丁文流畅表达的教科书。这本书最出名的地方是，它收集了“只要我活着，我就永远怀念你”这种情感的200种表达方式。《箴言》是为他的朋友约翰·科利特（John Colet）所写，此人是伦敦圣保罗学院的院长。在写给科利特的献词中，伊拉斯谟声称，他想“作一点文学贡献来充实贵校”，就选了“两种新的《箴言》注疏，因这两本书适合男孩子们阅读”。《箴言》后来有几个版本被题献给欧洲很有影响的学者和恩主，以确保该书不仅可在伦敦使用，也可用于欧洲各地的教学。伊拉斯谟需要通过印刷媒介去推销一种全新的学习和生活方式，以此为15世纪人文主义的学术成就更添华章。

伊拉斯谟也充分体会到，人文主义在改良教育和宗教的同时，需要讨得政治当权者的欢心。1516年，他撰写了《基督教王子的教育》，题献给哈布斯堡的皇储、未来的皇帝查理五世。这是一本建言手册，它建议年轻的王子如何行使“绝对的统治权，以控制自由的和心甘情愿的臣民”。它还建议王子需要接受那些长于哲学和修辞学的人士的教育和忠告。换句话说，伊拉斯谟想成为这位年轻皇储的私人顾问和公共关系导师。尽管查理亲切有礼地收下

图 7 丢勒的伊拉斯谟画像，刻于 1526 年，确立了伊拉斯谟作为伟大的人文主义知识分子的声誉

了这本手册，却没给他安排什么职位。

对此，伊拉斯谟的反应是将另一本《基督教王子的教育》送给查理的政治对手、英王亨利八世。在 1517 年题写的献词中，伊拉斯谟赞扬了亨利，说他在万几宸翰之余总要想法“挤出一部分时间来读书”。伊拉斯谟认为，这令亨利成为“一个更高尚的人和更出色的君主”。伊拉斯谟试图说服亨利，追求人文主义是治国的最佳方式；他暗示说，人文主义会把他造就成一个更高尚的人，还能为他提供达到自己政治目的的必要技能。把同一本书题献给两位君主，伊拉斯谟并没有觉得不妥，这件事本身即意味深长。他认定这两位君主都将会认识到，他可以运用自己的辩才去构建他们所需要的任何政治观点。

人文主义政治学

伊拉斯谟这一代人目睹了政治理论和人文主义发展史上两部最有影响的著作的问世。这两本书是尼古拉·马基雅维利（Niccolò Machiavelli）的《君主论》（1513）和托马斯·莫尔（Thomas More）的《乌托邦》（1516）。今天，这两本书都被视为论述如何维护政治权力和创建理想社会的不朽经典。它们也是两位作者在 16 世纪上半叶各自对人文主义与政治之间关系体验的特定产物。

马基雅维利的著作写于佛罗伦萨共和国垮台（1512）、美第奇家族重掌政权之后。马基雅维利曾在佛罗伦萨共和国任职 14 年，后来被卷土重来的美第奇家族解职，并一度入狱。《君主论》的意图在于，利用他的政治经验“探讨君王治国之术，并为其制定规则”。作者以犀利的笔触论述了统治者应如何攫取和巩固权力。马基雅维利作结道，如果他的建议被“巧妙地付诸实施，它们将会极大巩固新统治者的地位，迅速强化他的权力”。马基雅维利的人文主义训练背景以及他直接从政的经验让他发表了一系列声名狼藉的看法，这些看法既来源于古典作家，又受到当时的政治事件的影响。“要想维护自己的权力，统治者就要准备不按道德规则行事”；为了保住政治权力，他应当“撒谎成性、言行不一”，随时准备“背叛变节、冷酷无情或残忍无道，而且无视宗教戒律”。

马基雅维利写此书是为了个人获得政治起用（就他的情况而言，是再次起用）。他把《君主论》题献给佛罗伦萨新的寡头统治者、美第奇家族的朱利亚诺（Giuliano de'Medici）。作者称这本书是“我乐于为您服务的象征”。马基雅维利在书信中承认，“我渴望这些美第奇统治者开始起用我”。《君主论》体现出马基雅维利企图向美第奇建言如何掌控绝对政治权力。马基雅维利推导出了文艺复兴人文主义必然的政治结论，对于如何保住权力提供了最具说服力和最为现实的论述，以供新统治者借鉴。他的人文主义准备迎合一切当权政治意识形态，不管它是寡头的，还是民主的。马基雅维利的悲剧在于，美第奇不为他的效忠表白所打动。他无缘再获政治高位，在他于 1527 年去世之际，《君主论》仍未付梓刊行。

托马斯·莫尔的《乌托邦：关于最完美的国家制度和乌托邦新岛》也与他本人担任公职的经历密切相关。莫尔是伊拉斯谟的密友，是一位很有天赋的法律和希腊文学者。他翻译过琉善（Lucian）的作品，用英文和拉丁文写过诗。1517 年，他进入了亨利八世的政务委员会，1529 年担任大法官。在此期间，他为亨利写了许多政治和神学小册子。莫尔是西塞罗心目中有教养的人文主义者的典范——能够把个人的哲学冥想与公共演说和参与公民世界中的政治与外交事务结合起来。

这一微妙的平衡贯穿了《乌托邦》全书。这本书是以学者间的拉丁文对话形式写成的，直接模仿了柏拉图的那本人所共知的、论述理想国度的著作——《理想国》。它开篇写道，莫尔作为亨利八世的外交代表来到了安特卫普。他的朋友引见他结识了拉斐尔·希斯洛第，一位刚从乌托邦岛返回的冒险家。后者向他详细描述了乌托邦这个理想的“共和国”，在那里，“一切东西都是公有的”，“没有人当乞丐”，离婚、安乐死和公共医疗被视为天经地义。

莫尔本人真的相信他所虚构的理想社会景象吗？有几条原因使人认为，他对于自己笔下的乌拉邦持有矛盾态度。“乌托邦”这个词是一个双关语，是根据希腊文生造的，它既可表示“幸运之地”，又可表示“乌有之乡”。“希斯洛第”这个名字也有“空谈能手”的意思。莫尔认为，在乌托邦的“法律和风俗”当中，有许多“实在是荒唐”，但他也承认，“乌托邦国家有非常多的特征，我虽愿意我们的国家也具有，但毕竟难以希望看到这种特征能够实现”[1]。这些内容严重限制了他对这个想象中的社会的赞同。

纵贯全书，莫尔既不赞同也不反对那些他所探讨的有政治争议的问题，这些问题范围广泛，从私有财产和宗教权威到政府公职和哲学玄思。这并不是因为他优柔寡断：在政治上，他不能让人看出他支持某一立场。作为一名老练的政治顾问，莫尔必须施展他的修辞本领，为那些经常互不相容或相互矛盾的说法和信念辩护，以便为国家服务。乌托邦只是一个背景，他借以讨论与他本人所在世界相关的一系列议题。如果他的分析遭到质疑，他总还可以辩解说，他赞成的是相反的立场，或者指出乌托邦说到底只是虚构出来的：它是子虚乌有之地。

《乌托邦》凸显出莫尔能够雄辩有力地论述一系列有争议的议题。这些议题时刻影响到他的雇主，他的雇主也期望他就此提出相关建议。莫尔写《乌托邦》之际，正值他政治事业的顶峰，因此他的见解需要相当地慎重，而且要有政治灵活性。这就是《乌托邦》的观点和风格如此扑朔迷离的原因。相形之下，赋闲在家的马基雅维利可以在

1 译文见托马斯·莫尔：《乌托邦》，戴镏龄译，商务印书馆，1982年第2版，第119页。

《君主论》中比较明确地和基于政治现实去论述政治和权力。至于之后莫尔反对亨利离婚，这与其说是出于讲究原则的伦理立场，不如说是他基于宗教原因而作出的政治误算，结果令莫尔身首异处。无论是他的《乌托邦》还是马基雅维利的《君主论》，都显示出文艺复兴时期人文主义者的政治机会主义。

从彼特拉克到莫尔，文艺复兴时期的人文主义灵活地服务于任何在政治上于己有利的恩主。这就是为什么现代政治哲学体系个个宣称《君主论》和《乌托邦》这类著作与它们自己对权力和权威的主张相吻合。文艺复兴时期的人文主义仍在对现代人文学科产生巨大影响，然而，正如本章所论证的那样，人文主义并不是像它经常自诩的那样，是对人性理想化的颂扬，而是有其坚实的实用主义内核。许多人在文艺复兴人文主义的遗产问题上受到误导，而实际上它比这些人所认为的远为含糊矛盾，其部分原因即在于，它的言辞仍旧如此具有诱惑力。

第三章

教会与国家

1435年，人文主义学者洛伦佐·瓦拉（Lorenzo Valla）来到那不勒斯，表示愿为未来的国王阿拉贡的阿方索（Alfonso of Aragon）效力。当时阿方索正在就那不勒斯的归属问题忙着与教皇犹金四世（Eugenius IV）进行政治角力。瓦拉于是开始下工夫研究在政治上与自己的新雇主直接相关的一份文本:《康斯坦丁惠赐书》。《惠赐书》是罗马天主教会的奠基性文献之一。它自称是公元4世纪康斯坦丁皇帝颁布的一份惠赠诏书，赐予罗马教皇至高的权力和广阔的领地。它是证明教皇合法拥有世俗权威最有力和最令人信服的证据之一。洛伦佐·瓦拉揭露《惠赐书》系后人伪造。他利用自己在修辞学、哲学和语文学方面的人文主义技能证明,《惠赐书》中的年代误植、文字舛误和逻辑矛盾显示出它是8世纪赝品。

瓦拉在文本分析上表现出的机敏灵活，与他对罗马教会及其主教的尖锐抨击相得益彰，称他们要么“不知道《康斯坦丁惠赐书》是虚假的和伪造的，要么就是他们自己伪造的”。他指责这些人“侮辱了基督教，用谋杀、灾祸和犯罪混淆一切”。瓦拉嘲笑《惠赐书》中拉丁文的粗疏和年代误植，随之又铺张扬厉地反问道：“当我们意识到它是重罪的渊薮和万恶的根源，难道我们还能认为教皇权力至高无上的信条是正当的吗？”这份措词典雅的抨击文字最后攻击了教皇对帝国的权利要求：教皇“因此可以收回《惠赐书》提到的其他权利，以邪恶手段从好人那里偷来的钱，他用更邪恶的手段花掉”。阿方索因瓦拉毁掉《惠赐书》的声誉而感到高兴。他采纳了瓦拉的观点，最终顶住了教廷的一致反对，成功地保住了那不勒斯王国。

瓦拉的这段揭秘故事体现出，在文艺复兴时期，宗教、政治与学问之间的关系出现了新的发展。诸如主权国家这类政治组织兴起之后，它们需要新的智识和行政技能来组建政治结构，并向教会等机构的权威成功地提出挑战。后来，教皇马丁五世[1]（Martin V）任命瓦拉为教廷秘书。以他曾经揭露《惠赐书》作伪一事而论，这项任命很是出人意外。不过，这倒暴露出教会对此类学者的态度（已知的魔鬼比未知的好）。它也表明，像瓦拉这样的人文主义者，在新机会的引诱下，是多么具有政治机变性。

这段故事有助于我们理解文艺复兴时期宗教与政治之间的关系有多么错综复杂。在1400至1600年间，宗教信仰是日常生活不可或缺的组成部分。宗教与政治权力的行使、国际财经的运作以及艺术和学术的成就，也是息息相关、密不可分的。在这一时期，随着天主教会竭力伸张它的世俗和宗教权力，它面临着连续不断的冲突、异见和分裂。这一情况于16世纪宗教改革运动席卷北欧各地之时达到顶点，给罗马天主教会带来了它历史上最严重的危机。16世纪中期天主教的反宗教改革运动永久性地改造了罗马天主教会，它与马丁·路德领导的新教改革运动一道，确立起了现存的基督教的基本形态。宗教改革也引发了一些复杂问题，这些问题关涉基督教与本书中另外两大

1 此处应为教皇尼古拉五世（1447—1455在位），而非马丁五世（1417—1431在位），疑为作者之误。

宗教——犹太教和伊斯兰教——之间的关系。后二者都坚持认为它们在神学上比基督教更加优越，而其中的伊斯兰教更敏锐地利用了16世纪基督教会的分裂。文艺复兴时期的宗教危机不断。怀疑、焦虑和内省一直是现代思想和主体性的基石，而它们的源头则可追溯到1400至1600年这一时期的宗教纷争。

在这一时期，还有一种新情况改变了宗教权威，那就是各种新形式的政治权威的兴起。从15世纪晚期开始，各类政治组织逐渐控制了许多人的日常生活。伴随着15世纪商业与城市的不均衡扩张而来的财富和行政管理创新，为影响深远的政治激变和领土扩张创造了条件。在意大利，佛罗伦萨和威尼斯等城市进行共和制政府的实验，而米兰、那不勒斯、乌尔比诺和费拉拉则由小公国君主统治。在北方，百年战争之后造就的和平与繁荣局面，使得财富和权力集中到法国和低地国家手中，孕育了哈布斯堡大帝国。在东方，奥斯曼土耳其帝国形成了一个全球性帝国强权的模式，其他各国都不得不与之抗争。到了16世纪中期，欧洲处在一系列主权国家和帝国的控制之下，它们是法国、葡萄牙、西班牙和奥斯曼帝国。它们的兴起与教会的世俗权力恰成此消彼长之势。

15 世纪初，天主教会正处在危机当中。“天主教的”一词源于希腊文，意为“普遍的”，然而到了 1400 年，无论怎么看天主教会也不像具有普遍性。教会早在 1054 年就分裂为西派的罗马天主教会和东派的东正教会，后者以君士坦丁堡为中心。在此后的 300 年里，西派教会在内外的一片反对声浪中，竭力伸张其神学和帝国权威。教皇仰仗《圣经》的权威，自称是基督在世间的代表，可以在政治上支配世俗事务。

在整个 14 世纪，教廷分裂为势如水火的两派人马，争夺教皇权力，一方以罗马为中心，另一方则据守法国的阿维尼翁。教廷的分裂局面促使两派当中持有异见的红衣主教提出治理教会的公会议理论。这就使教会公会议的集体权威凌驾在两位分裂的教皇之上。1414 年，教会的神父们召集了康斯坦茨公会议，以结束教廷分裂状态。这次公会议规定，“所有人，不论职务和身份的高低，包括教皇本人，在宗教信仰、消除分裂和改革教会的问题上，都要听从公会议的决定”。这使得公会议得以任命马丁五世为教皇，这是近 100 年来首位没有争议的教皇。

一次正统的联合

康斯坦茨公会议无意当中助长了教廷的独裁力量。教皇马丁五世及其继任者犹金四世都开始制订雄心勃勃的计划重建罗马和统一东正教会，以此来巩固自己的权威。1437 年，犹金召集佛罗伦萨公会议，讨论东正教会与罗马天主教会的统一问题，并且转移公会议削弱教皇权威的企图。1438 年 2 月，拜占廷帝国皇帝约翰八世帕里奥洛加斯（John VIII Paleologus）带领 700 名希腊随员与东正教会的首脑——牧首约瑟夫二世（Joseph II）——莅临佛罗伦萨。除了希腊代表团之外，与会的还有来自特拉布宗、俄国、亚美尼亚、开罗和埃塞俄比亚的代表团。与文艺复兴时期许多宗教色彩鲜明的会谈一样，东西方之间这次重大的官方会议隐含深刻的政治和文化影响。约翰八世提出，基督教世界的东西两派应当统一，在奥斯曼帝国崛起之际，这是防止拜占廷帝国崩溃和君士坦丁堡陷落唯一现实的方法。而教皇急于统一两派教会，则是想扩大他自身在意大利各地的政治权力。

参与正式的会议事务之余，各方代表热情洋溢地探索彼此的智识和文化成就。希腊人钦佩布鲁内莱斯基（Brunelleschi）的建筑杰作、多那太罗（Donatello）的雕塑，以及马萨乔（Masaccio）和安吉利科（Fra Angelico，Fra 意为“弟兄”）的壁画。佛罗伦萨人惊叹于约翰八世及其学者随员自君士坦丁堡带来的那批罕见的古典书籍。在这些书籍之中，有柏拉图、亚里士多德、普鲁塔克、欧几里得（Euclid）和托勒密的手稿，以及其他在意大利“这个地方见不到的”古代典籍，一位心怀艳羡的学者如是说。埃及代表团送给教皇一部 10 世纪阿拉伯文福音书手抄本。亚美尼亚代表团留下了 13 世纪的有关亚美尼亚教会的装帧华美的手稿，它反映出该教会糅合了蒙古、基督教和伊斯兰的遗产。埃塞俄比亚代表团也散发了 15 世纪东北非各地教会所使用的埃塞俄比亚文《诗篇》译本。

在这次公会议召开 20 年后，贝诺佐·戈佐利（Benozzo Gozzoli）在美第奇府邸完成了他颂扬美第奇在令东西派教会和解上所起作用的壁画。在戈佐利的壁画里，约翰八世、约瑟夫二世和美第奇家族的洛伦佐（Lorenzo de’Medici）以三贤的形象出现[1]。出于政治原因，

1 三贤指《圣经》中由东方来朝见初生耶稣的三贤人，the Magi 也可以翻译成“东方三博士”。

洛伦佐的先人、美第奇家族的科西莫（Cosimo de'Medici）出钱赞助了整个会议。在整个15世纪30年代，美第奇家族一直谋求通过谈判与君士坦丁堡通商，但直到1439年8月协议才达成，这是约翰八世向科西莫致谢的表示，感谢他在佛罗伦萨公会议期间慷慨解囊、殷勤好客的豪举。科西莫为了教会的利益而牺牲金钱，这番虔敬的举动实际上是一种很高明的手法。至于教皇犹金四世，他欠美第奇家族的钱数量则更为可观了。戈佐利的壁画表明，美第奇家族认为，对于教会的统一，他们的参与之功要比教皇的居中协调更为重要。

1439年7月6日，东西派教会最终签署了《统一教令》。它高兴地见到“隔断东西派教会的墙壁已经推倒，和平与和谐业已回归”。然而，这股高兴劲儿并没有持续多久。在君士坦丁堡，在东正教神职人员的鼓动下，民众起来反对这份教令。与此同时，意大利各国一再拒绝提供军援以协助拜占廷人抗击奥斯曼人，这表现出它们也不太情愿见到教会的统一。随着君士坦丁堡在1453年5月被穆罕默德二世攻陷，教会的联合以血腥和耻辱的下场告终。

图 8 贝诺佐·戈佐利的壁画《三贤颂》：美第奇家族以艺术的形式为自己邀取统一东西派教会的功劳

佛罗伦萨公会议是文艺复兴时期的一个关键性事件。作为宗教最高首脑会议，它是失败的；它粉碎了教廷通过统一东派教会来巩固其帝国权力的希望。作为一桩政治和文化事件，它又是获得巨大成功的；它使得意大利各国向式微的教廷权威提出挑战，并加强了它们与东方的商业联系。占据统治地位的家族通过华丽的艺术品，巧妙地宣扬它们在公会议上的作用，就像戈佐利的壁画突出了美第奇家族在促成《统一教令》过程中作出的杰出贡献。在文化上，古典的著作、思想和艺术品通过佛罗伦萨公会议自东向西的传播，将对 15 世纪晚期意大利的艺术和学术产生决定性的影响。

民众

在欧洲各地，有数以百万计的人认同自己为基督教徒，他们定期去教堂参加礼拜。在他们的日常生活中，奉行宗教仪式的实际情况又是如何呢？如果有人认为，针对教廷权威和经文诠释展开的争论严重影响到他们当中的许多人，那可是臆想之见。对于大部分个体而言，教会是日常生活结构的组成部分，这就意味着，圣俗之间的区分经常是模糊不清的。教堂可用于节庆、政治集会、餐饮、马匹交易，甚至存放货物和贵重物品。神职人员数不胜数。到 1500 年佛罗伦萨 6 万人口中，神职人员超过了 5,000 人。这些人没受过什么教育，收入微薄，经常干砖瓦匠活，贩马，贩牛，养情人和孩子，随身携带武器。

在理论上，天主教会是基督化身在世俗的显现。它是上帝与个体的中介，通过各种圣礼专门负责向世人施予上帝的恩典；圣礼包括洗礼、坚信礼、圣餐、补赎礼、授圣职、婚礼仪式和终傅。根据圣餐变体论，教士有一种神力（也可以说是法力），可将圣餐上的面包和葡萄酒变成基督的真正血肉。要是没有教会和教士代人祈祷，个体无法与上帝直接沟通。在举行圣礼的时候，只有教士才能让上帝与俗人直接接触。正是这种中介作用让教会成为权势通天的机构。

在实践中，公众对宗教仪式最大的热忱，围绕着一位历史学家所谓“对神性的（热烈）追求”而展开。圣礼的种种“奇迹”经常被解释为魔法，导致了各式各样的民众习俗，从狂热地崇拜圣物、圣徒和偶像，到迷信式地使用圣水、圣餐和圣油。尽管这些巫术行为有悖于宗教的正统性，但是，对于这些越轨行为，教会经常是睁一只眼闭一只眼；教会热衷的是维护它的神秘力量和权威。

对于大部分民众而言，教会提供的是一种仪式化的日常生活方式，而不是一套严格的神学信条。洗礼、坚信礼、婚礼和终傅等圣礼提供了个体经历人生各个重要阶段的仪式。其结果是，许多人一年当中只去一两次教堂，法庭记录也显示，参与礼拜活动的人数相当少，民众更是对基本教义极其无知。一位英国传教士讲过一个牧羊人的故事。当这个牧羊人被问及圣父、圣子和圣灵之时，他的回答是："这对父子我都很熟，因为我替他们放羊，可我不认识第三个家伙：我们村儿没有叫这个名字的。"往好了说，这种态度体现了民众对宗教的无知和漠视；从坏了说，它暗示了异端和无信仰，在整个文艺复兴时期及其后，这种异端和无信仰样式繁多，不一而足。

在 15 世纪 40 年代，图尔奈主教让·谢弗罗（Jean Chevrot）忧心于上教堂、遵奉圣礼的人数之少，于是他委托罗歇·凡·德·韦登（Rogier van de Weyden）绘制了一幅圣坛背壁装饰画，教育人们认识圣礼的仪式意义，这幅画的名字就叫作《七宗圣礼》。这幅三联画左边的画板表现的是洗礼、坚信礼和忏悔，右边的画板表现的是授圣职礼、婚礼和终傅，中间那一联留给了最重要的圣礼——领圣餐，这桩圣礼在基督受难像后举行。为了避免观者困惑不解，画家就让天使们来帮忙。他们盘旋在圣礼的上方，打着写有解释性诗句的条幅。凡·德·韦登的这幅三联画运用的是文艺复兴时期典型的“普及化”技法。他使用了本时代的人物、建筑和服饰，将教会的种种神迹置于现代背景之下，以此加深会众与画中图像的密切认同感。画中场景于平静中见张力，全无教会生活的日常景象：推推搡搡、沿街叫卖、玩笑嬉闹、随地吐痰、恶声咒骂、编织衣物、要饭乞讨、闷头大睡，甚至随意开枪，这一点也很惹人注目。

图9 罗歇·凡·德·韦登的圣坛背壁装饰画《七宗圣礼》试图向15世纪的教众讲授圣礼的重要意义

宗教改革运动的发起

1420年，当教皇马丁五世结束了教派分裂、返归罗马之际，“他发现罗马倾圮荒废得十分严重，简直不像一座城市”，更谈不上是先前的罗马帝国和未来的天主教帝国的首都了。马丁及其继任者因此采取对策，开始制订一项雄心勃勃的建设计划，颂扬新近中央集权化了的罗马教会的荣光。在接下来的150年中，由于这项方案的缘故，这座城市变成了一个建筑工地。用教皇尼古拉五世的话说，俗人们会发现他们的“信仰在宏伟建筑物身上不断地得到确证，每天都得到加深巩固”，这些宏伟的建筑物“就好像由上帝之手建造出来似的”。在参与罗马重建的诸多艺术家当中，阿尔贝蒂、安吉利科、布拉曼特、米开朗琪罗、拉斐尔（Raphael）和波提切利只是其中的一些。

历任教皇面临的最大问题是如何翻修崩塌的圣彼得大教堂，这座教堂是康斯坦丁于4世纪中期在这位圣徒的坟墓之上建造的。如前文所述，罗马已经开始与君士坦丁堡争夺基督教世界帝都的地位。当君士坦丁堡于1453年落入苏丹穆罕默德手中之后，这场竞争变得越发激烈。罗马及其教皇不想落在伊斯坦布尔及其苏丹的后面。1506 年 4 月，教皇尤里乌斯二世为新的圣彼得大教堂奠基，此前他已任命布拉曼特为建筑师。卡拉多索（Caradosso）铸造的奠基纪念章表明，布拉曼特最初的设计对圣索菲亚大教堂的仿效有多么彻底。在整个 16 世纪，历经拉斐尔、桑伽洛（Sangallo）和米开朗琪罗随后的不断修整，圣彼得大教堂得以完工，呈现出今天的样子。

图 10 卡拉多索为纪念圣彼得大教堂于 1506 年动工而铸造的纪念章，显示该教堂的早期设计借鉴了拜占廷与奥斯曼的建筑风格

具有讽刺意味的是，正是建成这座颂扬教皇权威的标志性建筑物的花销引发了一场抗议，这场抗议最终向天主教会的核心内容提出了挑战，并且永久性地改变了欧洲的社会和政治版图。1510 年，在圣彼得大教堂开工四年之后、米开朗琪罗正在西斯廷教堂天花板上艰难地创作壁画之时，德意志僧侣马丁·路德来到了罗马。他因眼前的腐败和炫耀挥霍行为而理想幻灭，这种失望情绪激发他攻击天主教会的种种弊端——1517 年 10 月，他开始发布反对赎罪券的《九十五条论纲》。当年 3 月，教皇发行赎罪券为修建圣彼得大教堂筹集资金。赎罪券是教廷发行的一种单据，它赋予购买者以豁免权，使之不必因其罪恶而悔过。由于教会急于为罗马重建筹资，以致于卖给个人的赎罪券竟然还包括未来可能犯下的罪行。教会开创了灵魂救赎的生意，允许个体买卖灵魂的拯救。路德被激怒了。他给美因茨大主教写信，在信中抱怨说：

教廷为修建圣彼得大教堂而发行的赎罪券正在假借您高贵的名义销售……人们从它们那里得到的是完全虚假的印

象，我为此而痛心；那些不幸的灵魂相信如果他们购买了赎罪券，他们就会得救。

路德在整个维滕贝格尽人皆知的《九十五条论纲》中重复了他的抗议。路德写道："今天的教皇富甲天下，他为什么不用自己的钱，而非要用穷苦信徒的钱去修圣彼得教堂呢？"欧洲宗教改革的第一枪已经打响。

信仰之战

与"文艺复兴"一样，"宗教改革"也是一个回顾性术语，用于表述路德思想造成的种种影响。路德的确是带着改革教会的想法开始的，可是改革迅速演变为革命。路德抗议赎罪券的行动很快就定型为系统地反对天主教会赖以存身的一切宗教论断。路德认为，个体可以直接与上帝沟通，而不能依靠教士、圣徒或免罪符为中介来获得拯救；个体若想获得拯救，只有绝对信仰一个不可测知、但最终是仁慈的上帝的恩典。软弱和邪恶的个体在上帝面前只有坚持信仰，这是上帝赐予的最根本礼物。想通过赎罪券和补赎来改变灵魂状态，这种世俗的企图毫无意义。正如路德本人总结的那样，“基督徒所需要的一切都在信仰之中，他无需用善行来证明自己”。

这一切对于天主教会产生了深远的影响。路德抛弃教廷在上帝与个体之间的中介地位，这样一来，他一举否定了教皇和教士两者的权威。教会仪式的场所和物品遭到摒弃，正如神职人员与俗人之间的差别也遭到否定一样。除两宗圣礼之外，路德还谴责其他所有圣礼。他认为上帝直接赐予个体信仰，无需中介，无论这中介是教士还是圣礼仪式。

路德思想产生的影响是复杂的但却是直接的。在他为了应对天主教会日益惊恐的反应而完善和拓展自己的立场的同时，“路德主义”以惊人的速度在北欧各地传播开来，其产生的深远影响远远超出路德的控制。到 1546 年他去世之际，倾向于教会改革的公会议控制了维滕贝格、纽伦堡、斯特拉斯堡、苏黎士、伯尔尼和巴塞尔。路德主义的积极响应者是那些对天主教教义不满的俗人，他们以城市市民为主体。修道会和传统敬奉方式遭到废除，教会财产或被捣毁，或被没收，圣像在反偶像崇拜的骚乱中被毁坏。取而代之的是新的敬奉场所和方式，以及充满理想主义的社会和政治改良实验。1524 年德意志农民起义，他们从路德的教义中为自己的不满寻找依据。路德轻蔑地谴责这次反叛“可厌、有害”，暴露出他的激进主义在世俗事务上的局限性。

路德也无法控制他的许多观点造成的智识影响。到了 16 世纪 40 年代，日内瓦已在约翰·加尔文（John Calvin）的神学控制之下。加尔文认为，人无力影响神圣的得救预定论。在加尔文看来，谁应入地狱，谁应得救，上帝早已作出决定。在英格兰，亨利八世于 1533 年作出政治决断，与罗马教会决裂，这最终导致亨利的女儿、女王伊丽莎白一世（Elizabeth I）被开除教籍，因为她信奉当时所谓的“新教思想”。

印刷《圣经》

人文主义和印刷术是路德思想兴起和传播的关键。路德及其追随者利用人文主义传授的语文学、修辞学和翻译的知识，创造出一种以“《圣经》（the Word）”和“经文自身”为依据的神学。令路德这类宗教改革者与伊拉斯谟等人文主义者联合起来的原因在于，他们都致力于《圣经》的严密阐释，即《圣经》诠释学，这向先前经院哲学思想表现出的无知和迷信提出了挑战。路德的学识不逊于教廷中的佼佼者，他在《论翻译》（1530）中自夸道：“论起辩证法与哲学，他们加在一起也不如我。”当他意识到人文主义在致力于变革方面具有局限性时，就与之分道扬镳。他对伊拉斯谟说：“无论什么地方的什么人，不论其信仰是什么，只要世界的平静不受破坏，对你来说就无所谓。”然而，人文主义已经为路德主义提供了改造宗教的智识工具。它也为路德提供了将其新思想传播到欧洲各地的实物：印刷出版术。

1522年，路德在论及其思想的流布之时声称：“我什么也没做；一切都是《圣经》之所为。”他说的对。传播《圣经》的正是印刷这一媒介。从前那些教廷权威的挑战者无力向更广大的受众传播他们的思想，然而，印刷出版技术使路德得以通过数以千计的印刷书籍、宣传单和小册子传播自己的思想。德意志各邦地处欧洲的地理和技术中心，也正是输出宗教革命的理想之地。到了1520年，有

62个德意志城市拥有印刷出版机构。从1517到1524年，这些城市出版的印刷本书籍数量增长了7倍。印刷产品增长这么快的原因之一在于路德本人。他很快就意识到了印刷出版的激进潜力，称它为“上帝最高和最大的恩典，福音的事业借此向前推进”。1517到1520年间，路德写了30多本小册子，印数超过30万份。一位佩服他的朋友声称：“路德这个人能让两个同时操作两部印刷机的印刷工忙得不可开交。”路德还认识到，真正有力量传播《圣经》的是本民族语言，而不是教会上层使用的拉丁语。到1575年，据估计，他印刷出版的德文《圣经》译本行销了10万册。有人进一步估计，在1518至1525年间，他著作的销售量占据所有德文书籍的三分之一。至1530年，路德已成为这段短暂印刷史上的第一位畅销作家。

路德主义产生于欧洲的贸易、金融和政治重心逐渐北移之际。到16世纪初，安特卫普正取代威尼斯成为欧洲的贸易之都，而诞生路德主义的德意志各邦也正打造其新的政治身份。到16世纪末，这些新的政治身份将造就出具有现代气象的欧洲版图。哈布斯堡家族的查理五世通过王位世袭成为西班牙、那不勒斯、尼德兰和新世界的共主，到了 1519 年，奥地利也被纳入他的治下。查理五世当选为神圣罗马帝国皇帝在欧洲各地引发了一场激烈的政治角力；查理、弗兰西斯一世、亨利八世还有葡萄牙的约翰三世与苏丹苏莱曼相互争夺领土和政治控制权，意大利各城邦沦为任由各方讨价还价的筹码。民族主义起义的种子也开始在北欧萌发，而在东方，查理面对着苏莱曼势不可挡的帝国力量。1521 年苏莱曼征服了贝尔格莱德，1529 年围困维也纳。路德主义的兴起更加剧了查理的困境。

查理很精明，他不想因为开除一个僧侣的教籍而疏远他的德意志盟友。不过，在路德亲自向皇帝本人坚定不移地声称说“我不能而且不会收回自己说过的话，因为违背良知既有害也不正确”之后，查理骂他是“一个臭名昭著的异端分子”。德意志各邦抵制教廷摧毁“新教”的要求。这始自 1529 年，当时一群德意志王公“反对”教廷号令他们谴责路德主义。查理的注意力被管理海外属地给分散了，同时他还得应付另一个难题：苏莱曼大帝的幽灵在敲击他帝国的大门。

1529 年之时，苏莱曼的帝国疆域已经横跨北非、地中海和东欧大部分地区，而且他还与查理的敌人弗兰西斯一世结盟。就在奥斯曼土耳其人作为政治劲敌与查理分庭抗礼之际，他们的信仰也于16世纪20年代日益两极分化的宗教氛围下成为一个议题。与弗兰西斯一样，路德及其追随者考虑可否与奥斯曼土耳其人结成战略联盟，以抗衡查理的哈布斯堡帝国。路德研究了《古兰经》，并参与出版了几部有关伊斯兰教的德文著作。形形色色的路德派小册子作家发出“找敌人要去意大利，不要去东方！”的呼吁。路德对此谨慎地表示赞同：“如果我们一定要同土耳其开战的话，我们应当先与自己开战。”这就暗示说，奥斯曼土耳其的威胁是上帝的旨意，是要令天主教皇帝和教皇不得安生。苏莱曼也认识到，路德主义可以牵制哈布斯堡王朝，使其无法全力应对东方的军事威胁，这对奥斯曼土耳其很有利。伊斯兰教和新教都意识到，在神学上，它们信奉经文自身的力量和反对偶像崇拜，在16世纪中叶那个变化无常的年代，这为它们政治修好提供了明显的可能性。

查理五世在意识形态上可没有这么灵活。他所承继的王朝遗产是以1492年犹太人和摩尔人被逐出西班牙为基础的。他和他的顾问们很快就深信，路德与苏莱曼是一丘之貉，都是必须加以铲除的“异端分子”。1523年，教廷派驻纽伦堡的使节写道：“我们正忙于谈判，准备向土耳其人全面开战，而且还要向那邪恶的马丁·路德开战；与土耳其人相比，此人对基督教世界的危害更大。”1530年，红衣主教坎佩焦（Campeggio）在写给查理的信中说，（对于）路德的“邪恶与异端主张……应当遵照在西班牙对付摩尔人的规矩和做法，予以申斥和惩罚”。

随着宗教改革的热忱与掌控全球政治权力日益膨胀的野心发生碰撞，宗教迫害越来越激化。犹太社群在欧洲已经居住了数百年，虽说他们曾在1290年被官方驱逐出英格兰，又于1492年被驱逐出西班牙。然而，在当前宗教立场两极分化的时代，犹太人不久就发现，他们既受天主教徒的迫害，也受新教教徒的迫害；他们被指控犯下了种种罪行，从井水投毒到谋杀基督徒幼儿，不一而足。1555年，教皇保罗四世（Paul IV）颁布诏书攻击犹太人的信仰，声称教会之所以“容忍犹太人只是为了让他们见证真正的基督教信仰”。犹太人可以改宗天主教，否则不允许他们拥有财产，只让他们居住在犹太人隔离区，并且必须佩戴标志着耻辱的黄色标识。新教也不见得更宽容。1514年，路德声称："犹太人将永远亵渎上帝和他所立的王——耶稣。"他后来又称："我宁愿与土耳其人为敌也不愿以西班牙人为保护者：土耳其人固然是野蛮的暴君，然而，绝大部分西班牙人一半是摩尔人，一半是犹太人，他们可都是没有任何信仰的人。"反过来，西班牙天主教徒则认为新教徒是异端，可与穆斯林和犹太人相提并论。随着天主教对路德主义的威胁作出反应，以及新教试图在神学上与其他宗教划清界线，以此来界定自身，两者越来越多地攻击本书提到的犹太教和伊斯兰教，后二者都反对耶稣是上帝之子这一信念。

这些冲突也改变了文艺复兴时期艺术的形态。随着罗马教廷感觉到它的政治权力逐渐被削弱，它的对策是，极尽铺张地炫耀艺术和建筑，试图以此重新确立它的权威。米开朗琪罗和拉斐尔的艺术作品中显示出了这种张力。米开朗琪罗受教皇尤里乌斯二世委托，为装点西斯廷教堂绘制了壁画，画中场景取材于《圣经》中的《创世记》，它基于罗马天主教教义展现出了一幅完整的创世景象。画面体现出的那种优雅的动态，以及画中人物孔武有力、紧绷的肌肉，也理想化地描绘了罗马天主教的力量以及它受到质疑之时可能发出的愤怒。这种张力也见于拉斐尔为梵蒂冈的康斯坦丁美术馆创作的壁画。壁画描绘了康斯坦丁皇帝的生平，以及教会的权力从东方（康斯坦丁的帝都君士坦丁堡）转移到西方（罗马的圣彼得大教堂）。

这组壁画最后的场景题为《康斯坦丁的惠赐》，表现了东罗马帝国皇帝康斯坦丁将他的世俗和帝国的权力移交给教皇的场面。教皇头戴三重冕，显示出他的宗教以及世俗权力。就在拉斐尔于康斯坦丁美术馆开始壁画创作的几个月后，路德写道：

> 我手上有洛伦佐·瓦拉的证据，它证明《康斯坦丁惠赐书》系后人伪作。天哪，罗马该有多么黑暗和邪恶。这样一种毫无根据、粗俗无耻的谎言不仅存在，而且盛行几百年之久，这让人怀疑上帝的判断力。

瓦拉的这部辨伪之作于1517年首次在德意志付梓，加入了罗马天主教会日渐增多的攻击者行列。康斯坦丁

图 11 壁画《康斯坦丁的惠赐》由拉斐尔的工作室于 1523 至 1524 年间在梵蒂冈绘成。宗教冲突造就了它帝权的主题和人为矫饰、咄咄逼人的风格

美术馆的壁画对形象高大的教皇、纷争的教派的描绘，以及它表现教廷权威的戏剧性场面，是针对宗教和政治变迁所作出的咄咄逼人、人为矫饰和焦虑不安的反应。北方的印刷“文字”[1] 正在战胜南方高耸入云的纪念碑和色彩斑斓的壁画。

帝国的反击

罗马教会很快就意识到，辉煌灿烂的艺术作品无法解决北欧新教异军崛起所带来的问题。1545 年，教皇保罗三世（Paul III）召集特伦托公会议，以改革教会和驳斥路德主义。在此后的 18 年中，公会议起草了许多教令，构成了天主教反宗教改革运动的基础。这次会议重申了七宗圣礼、圣餐变体论、炼狱以及教廷权威的神圣性。它认可对圣徒、圣迹的尊崇，赞成购买赎罪券，但同时也改革了激怒路德的种种弊病。修道会进行了改造，培养教士的神学院建立起来，主教们被要求在教区管理上更为积极主动。在这次公会议的支持下，由西班牙人依纳爵·罗耀拉

1　指《圣经》。

（Ignatius Loyola）领导的耶稣会于 1540 年成立（它更广为人知的名称是耶稣会士修道会），搜捕异端分子和宗教改革者的罗马宗教裁判所于 1542 年成立。

这次公会议也将注意力转移到新教宗教改革最有害的载体——印刷书籍——上来。1563 年，它发布了一份禁书目录，目录上的书都被视为“异端”。它宣称，“如果有人阅读或收藏异端分子的书籍，或者任何因为思想异端或有学说虚妄嫌疑而遭谴责和禁止的作者所写的著作，立即革除他的教籍”。禁书目录收入数以千计的书籍，以路德、茨温利（Zwingli）和加尔文的著作为开端，但也包括马基雅维利的著作和伊拉斯谟的部分作品。特伦托公会议间接承认了印刷书籍的力量（一定程度上是通过资助天主教的印刷出版机构来出版正统典籍），可这一承认的代价却是现代大规模书刊审查制度的最早一次尝试。

特伦托公会议是改革、虔敬、好战和压制等成分狂热的混合，这一混合非常成功。据估算，到 16 世纪末，由于反宗教改革运动的缘故，罗马教会失去的几近三分之一的俗人信徒又返回了教会。然而，它对待宗教仪式、书籍乃至偶像的态度使得 16 世纪后半期的宗教版图进一步两极分化。特伦托公会议加深了新教与天主教的意识形态鸿沟，并在此过程中为这个世纪后半叶重新绘制了欧洲图景的宗教战争铺平了道路。

在 1400 年，欧洲还是轮廓模糊的、城邦与公国的集合，还谈不上“欧罗巴”实体，到了 1600 年，它已经变得面目全非。民族国家与正在兴起的全球性帝国主导了政治议程，东西方之间流动性的宗教交往已经硬结为天主教、新教和伊斯兰教规划性的信仰体系。这标志着现代国家体制的诞生以及与之相伴的民族主义的崛起。在此后的 300 年里，欧洲的帝国列强将对全球新发现的大部分地区提出主权要求。不过，这一时期留给后世的遗产还有一系列看似无法解决的宗教和政治冲突，这些冲突发生的地域千差万别，从爱尔兰、巴尔干到中东，它们源头则在于最早出现在文艺复兴时期的教会与国家的碰撞。

第四章

美丽新世界

1482 年，德意志城镇乌尔姆的一家印刷出版机构出版了托勒密《地理学指南》的新版。书中的世界地图记录了 15 世纪欧洲统治阶层眼中的世界面貌。托勒密于公元 2 世纪在亚历山大写出《地理学指南》一书。14 世纪末，此书被译成拉丁文，在此之前，阿拉伯学者保存和修订了这个本子。中世纪基督教的地理学局限于使用简明示意地图，即“世界地图”(*mappae mundi*)，这类地图是基督教神造论的宗教象征。它们以耶路撒冷为世界中心，极少或根本无意于理解或再现更广阔的世界。托勒密的《地理学指南》改造了 15 世纪人对于地球的形状和大小的认识。他的著作罗列和描述了 8,000 多个地方，还解释了如何绘制区域性和世界地图。托勒密利用经线和纬线交叉形成的几何坐标方格来覆盖已知世界，这一网格为 15、16 世纪

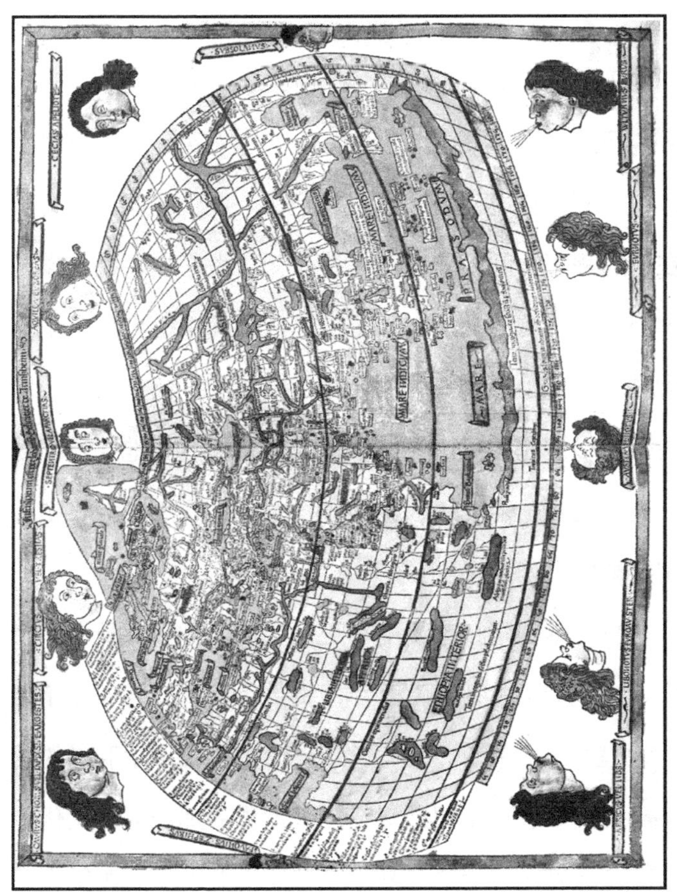

图 12 托勒密的世界地图，出自 1482 年乌尔姆出版的托勒密经典名作《地理学指南》的一个新版

的商业贸易和地理发现航行提供了可资利用的样板。这些航行开始塑造今日世界的现代形象，也构成了本章内容的基础。

在15世纪末的统治者或商人看来，乌尔姆版的托勒密著作还算准确地再现了当时的世界。“欧罗巴”与地中海，“非洲”与“亚洲”都一目了然。今天看来，它的错误在于遗漏了美洲大陆、澳大拉西亚、太平洋、大西洋的主体部分，以及非洲最南端（没有它印度洋就给绘成了一个大湖）。托勒密的世界以地中海东岸和中亚、以君士坦丁堡、巴格达和亚历山大等城市为中心。这些地点体现了自公元2世纪一直到15世纪结束之际受教育人士眼中占据主导地位的国际现实。

购置《地理学指南》的有王公贵族、神职人员、学者和商人。他们买下托勒密著作昂贵的手稿本，急于显示自己对地理学和旅行的认识。然而，14世纪保存下来的各种实用地图却表现了塑造文艺复兴世界的那个混杂文化传统。出自无名氏之手的《马格里布航海图》绘制时间大致是在1330年左右，它便是所谓“航海指南”图的一个实例，商人和航海者使用这种航海图航行于地中海上。地图

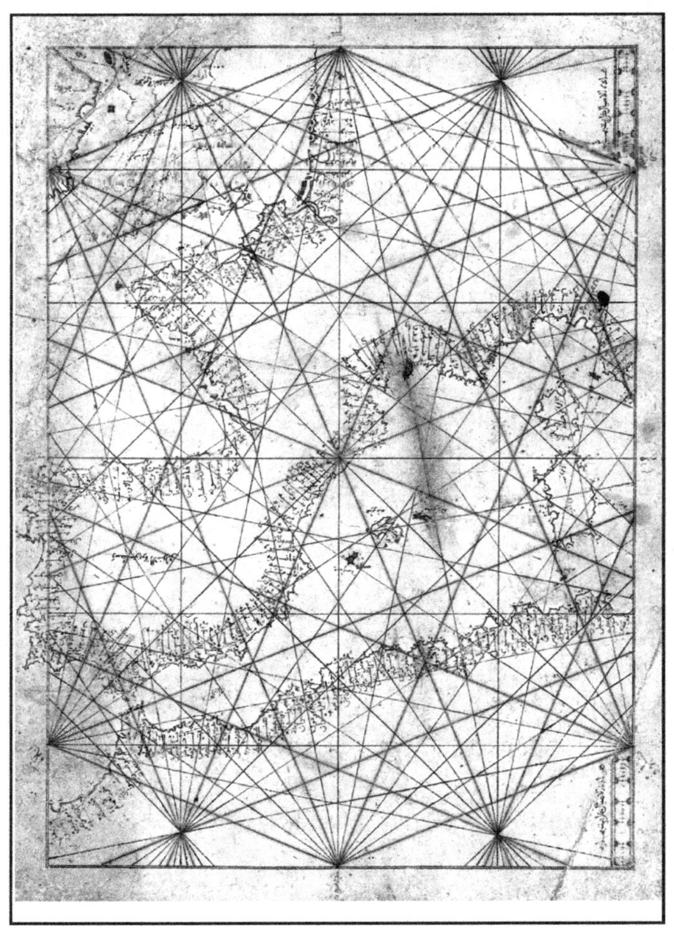

图 13 这张航海图或所谓的“ 航海指南”《马格里布航海图》，大约是在 1330 年左右于北非绘成，显示东西方共享的航海知识是如何造就了地中海地区的航海活动的

上纵横交叉的“恒向线”有助于罗盘定向，让航海者可以沿着大致准确的航线航行。这幅航海图的制作地点要么是格拉纳达，要么是摩洛哥，显示了基督教与穆斯林社会在地理知识、航海技术和商业贸易方面的相互交流。在地图所标示的 202 个地名当中，有 48 个源于阿拉伯语，其余的源于加泰罗尼亚语、西班牙语或意大利语。正是这类基于阿拉伯、犹太和基督教航海者与学者专业知识的实用性航海图促成了那些首批驶向欧洲之外的试探性航海之旅。

绕过好望角

1415 年，葡萄牙人攻占了摩洛哥境内的穆斯林城市休达。这一胜利为葡萄牙沿着西非海岸扩张提供了跳板。葡萄牙王室利用它面临大西洋的地理优势，试图打通穿越撒哈拉的商路，不再走从北非返回南欧的陆地和海上商路，从而避免支付沉重的关税。随着葡萄牙王室宣称拥有马德拉群岛（1420）、亚速尔群岛（1439）和佛得角群岛（15 世纪 60 年代）的领土主权，诸如木材、蔗糖、鱼类和小麦等基本物资的贸易变得比充满冒险性的淘金活动更为重要。这就导致葡萄牙王室开始重新界定其航海发现与移民定居的目的。

葡萄牙人在亚速尔群岛一站稳脚跟就向南航行，进入航海图上尚未标明的地带，也就是托勒密地图上标注的“不明地区”。他们到达了地中海地区的航海与制图传统的极限之后，就雇用犹太学者为之效力，研制太阳升落表、星图、星盘、扇形舵柄和十字测天仪，根据太阳、月亮和星体的位置来计算纬度。到了 15 世纪 80 年代，这些科学发展如此之成功，以至葡萄牙人得以绕过塞拉利昂，沿着几内亚海岸建立起了贸易站（即 *feitoria*）。

由这些科学发展而带来的商业接触明显影响到西非、葡萄牙以及欧洲大陆其他地区的文化与经济。民众之间的交往融合使得西非产生了许多种族混杂的自治社群，它们被称为“兰萨多斯”（*lançados*）。铜、马和布匹也被欧洲人贩到这里，用于购买黄金、胡椒、象牙和乌木。到了 15 世纪末，运回里斯本的大量黄金使得葡萄牙能够发行第一枚全国通用的金币“克鲁扎多”（*crusado*），也让它得以启动一项雄心勃勃的公共建设计划；这一计划融合了古典的、莫卧儿的和波斯的主题，直到今天，在里斯本、果阿和澳门等天南海北的地方还可以见其踪迹。

1488年12月，巴尔托洛梅乌·迪亚斯（Bartolomeu Diaz）返回里斯本，宣称他已航行绕过了非洲大陆的最南端。同时代的一位葡萄牙地理学家记载说，迪亚斯意识到“这里的海岸转向北方和东北方向，指向埃及以南的埃塞俄比亚，进而指向阿拉伯湾，这就为发现印度提供了绝大的希望”。因此迪亚斯“称之为‘好望角’”。这条消息让那些依旧重复托勒密世界观的地图显得日渐落伍。从这时起，欧洲航海者才真正驶入“不明地带”；这是一个全新的世界，在这里，他们再也无法依赖古典的权威。

东方就是东方

有一位旁观者对这些发现的印象尤为深刻，他就是热那亚航海家克里斯托弗·哥伦布。当迪亚斯带着绕过好望角的消息返回之时，他正在葡萄牙的宫廷。哥伦布关注葡萄牙航海家的实际成就，也潜心研究过古典地理学，这一切促使他作出一项重大决定。哥伦布接受了托勒密和马可·波罗（Marco Polo）对亚洲面积远远过高的估计。但他也认识到，如果托勒密估算的世界周长是正确的话，那么，从欧洲向西至亚洲这段航程，要比葡萄牙人自南向东这条路线短得多。根据哥伦布的计算，从亚速尔群岛向西到日本的距离为 3,000 英里，而实际航程超过 1 万英里。托勒密对亚洲和地球大小的计算都是错误的。要是哥伦布知道这一点，他可能就永远不会在 1492 年踏上他的航程了。

1485 年，哥伦布首先向葡萄牙宫廷提出这一想法，但他的计划遭到拒绝，因为里斯本已成功地找到了经由南部非洲通往东方的海路。于是哥伦布就向卡斯蒂利亚王室提出他的方案。当时卡斯蒂利亚正陷于与伊比利亚半岛的穆斯林持续不断的争斗中，财政相当紧张。垄断东方香料和黄金市场的可能性实在太诱人，绝不容失去，于是他们就向哥伦布提供资金支持。1492 年 8 月 2 日，哥伦布带领 90 名船员和 3 艘船，从西班牙南部的帕洛斯出发，开始了他的首次航行。

船队横渡大西洋，向西航行将近两个月后，在 10 月

10日星斯四，哥伦布看到了巴哈马群岛，他就在这里登陆上岸，遇到了当地人。这些人“身体健壮，身材漂亮，面孔很好看”，被视作“出色的仆人，而且头脑灵活”。哥伦布急于“动身前往另一个非常大的岛屿，根据我带在身边的印度人所做的手势语，我相信它一定是Cipangu（日本）；他们称它为Colba”。哥伦布深信他行将到达日本。结果Colba其实是古巴。他沿着古巴和海地的海岸航行，后来他的旗舰失事，他就带着少量黄金和几个绑架来的“印度人”返航了。

哥伦布的返航在欧洲引起了一场外交风暴。这倒不是因为他发现了一个“新世界”——他始终相信他向西航行到了东方。葡萄牙反对说，卡斯蒂利亚王室资助的这次远航破坏了两国先前签署的协议，这份协议保证葡萄牙独占“几内亚那一边”的所有发现地。然而，由于这一说法措词模糊，再加上一位同情卡斯蒂利亚王室的西班牙籍教皇出面斡旋，按照《托德西利亚斯条约》（1494）的条款，新发现地给了卡斯蒂利亚王国。该条约还规定，应当绘制一张地图，在地图上标出分界线，明确规定两家王室的利益范围。双方代表同意，沿着大西洋从北到南，“在佛得角以西 370 里格的地方，确定和绘制一条分界直线”。这条线以西的地方属于卡斯蒂利亚，这条线以东（和以南）的地方属于葡萄牙。卡斯蒂利亚得到了它所认为的通往东方的新航线，而葡萄牙人守住了他们在非洲的领地，以及经由好望角通往东方的航道。

王冠上的宝石

哥伦布首次“发现”美洲被认为是失败之举。他似乎是发现了一个新的地理障碍，阻塞了一条更短的、商业上有利可图的通向东方的航线。由于哥伦布的航行以及后来的外交纠纷，葡萄牙人未能及时利用迪亚斯发现好望角这一成果，于是，他们这时派出另一支远征船队，绕过好望角，其目的很明确：到达印度。1497 年 7 月，瓦斯科 • 达伽马（Vasco da Gama）率领 170 人，带着由 4 艘重型船只组成的船队，离开了里斯本，每艘船配备了 20 门大炮和各种货物。当他绕过好望角之际，达伽马发现自己进入了航海图上完全没有标注的水域。更糟糕的是，葡萄牙人的航海辅助设备主要仰仗天体计算，然而，在他们不熟悉的印度洋的天空下，这些辅助设备毫无用处。

在马林迪登陆之后，达伽马雇请了一位阿拉伯航海家兼天文学家为自己效力，此人被视为当时最出色的一位领航员：

> 瓦斯科·达伽马与他谈了一番话之后，对他的知识非常满意：主要原因是，当此人（领航员）向他展示一张根据摩尔人的方式绘制的、带着经线和纬线的印度海岸全景航海图之时……还有，当达伽马向他展示带在身边的一幅木制大星盘以及用于测量太阳高度的其他金属制星盘时，这位领航员并没有表现出吃惊的样子；他说，红海的一些航海者使用三角形的黄铜仪器和扇形舵柄来测量太阳高度，更主要测量北极星的高度，北极星是他们航海中最常用的标识物。

这些技术欧洲航海者闻所未闻。犹太人的天文知识带领他们远至好望角，现在伊斯兰的航海技术将最终帮助他们到达印度。

这位阿拉伯领航员不仅为达伽马提供了穿越印度洋所需要的航海知识，他还不知不觉地透露了阿拉伯人的科学与天文学成就有多么全面。正如托勒密有关地理学和天文学的典籍已从亚历山大传播到君士坦丁堡、意大利、德意志和葡萄牙，它们也经由大马士革、巴格达和撒马尔罕向东传播。征服者穆罕默德推崇托勒密的《地理学指南》所体现的只是伊斯兰教天文学和地理学深厚传统的一个方面。1513 年，奥斯曼帝国海军指挥官皮里・赖斯（Piri Reis）颁布了一幅世界地图，声称这幅地图的绘制“主要基于 20 幅航海图和世界地图，其中一幅绘制于亚历山大大帝时代，通常叫作 *dja'grafiye*。这里提到了托勒密的《地理学指南》。皮里・赖斯也参考了“中国和印度海域的新地图”，还有“阿拉伯人绘制的一幅印度地图、葡萄牙人按照印度和中国的几何学方法绘制的四幅新地图，以及哥伦布绘制的西方陆地地图”。伊斯坦布尔的奥斯曼宫廷显然正密切注视着西大西洋的事态发展。

皮里・赖斯的地图只有西方部分保存了下来，然而，它的局部表明，该地图印度洋的那一部分，结合了葡萄牙的新版地图与伊斯兰、印度和中国的领航员与学者的天文学和航海知识，一定也同西方部分一样全面。皮里・赖斯的注解突出了当时文化交流与知识传播的广泛程度，而这

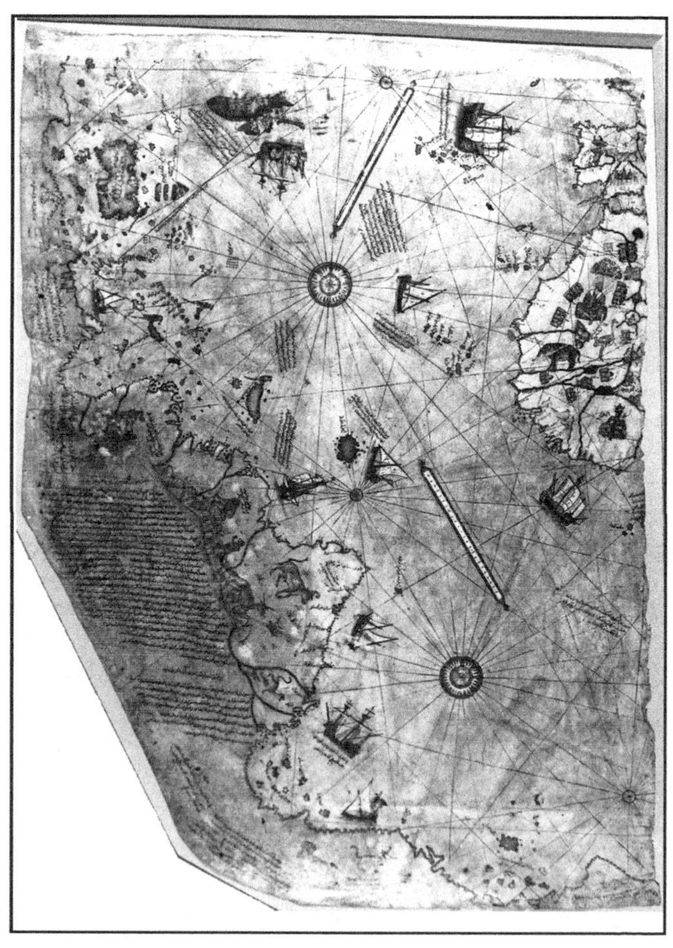

图 14 皮里·赖斯的世界地图（1513）表明东西方之间地理信息的交流情况

正构成了地理大发现时代的基础。穆斯林、印度教徒和基督教徒都在相互交流信息和思想，试图掌握政治与商业主动权。

就航海方面而言，达伽马和他的远征队都深信，他们正在驶入一个新世界。他们很快就发现，就文化而言，他们正进入一个熟悉得令人吃惊的世界；在这个世界的人看来，他们肮脏、强暴而且科技落后。1498 年 5 月，达伽马到达印度南部沿海的卡利卡特，然而，他携带的礼物更适合在几内亚进行交易，而不是礼节性地赠送给卡利卡特考究的萨莫林宫廷。当地的商人看到达伽马拿出布匹、珊瑚、食糖、橄榄油和蜂蜜等各色赠品时，“他们对此感到可笑，他们说，这可不是奉送国王的东西，从麦加或印度任何地方来的商人，哪怕是最穷的，出手都比这阔绰”。由于未能奉送合适的礼物导致了政治上的紧张关系；葡萄牙人受到限制，只能从事有限的易货贸易。不过，在 1499 年 9 月，当达伽马回到里斯本，向王室奉上数量虽少但却珍贵的肉桂、丁香、姜、肉豆蔻、胡椒、药品、宝石以及木材等货物时，葡萄牙宫廷确信他们最终打入了香料市场。

葡萄牙进入印度洋的贸易大市场，无异于一滴水落入汪洋。这一地区仪式化的商贸交易模式，以及其商品数量之多、品种之丰富，令早年葡萄牙船队的供求量相形见绌。葡萄牙人的对策是，他们从实用角度出发，迁就和接受不同的交易方法，利用印度教与穆斯林社会的政治分歧，更使用枪炮在整个地区建立起数量有限的商业立脚点。然而，欧洲的地图、书籍和外交会谈却传说达伽马的航行确立了葡萄牙垄断亚洲香料贸易的地位。

这位葡萄牙指挥官的航行产生的影响，将改变文艺复兴世界的政治版图。很快，威尼斯就试图暗中破坏葡萄牙人与印度香料商的会谈。印度香料商已经到了里斯本，准备洽谈葡萄牙在香料贸易中的角色。威尼斯还开始与奥斯曼土耳其人和埃及的马穆鲁克人商谈，打算外交与武力并用，捍卫自己的商业利益。1511 年，葡萄牙作出反应。他们与波斯统治者伊斯梅尔（Shah Ismail）谈判，准备联手向埃及发动军事进攻。这一举动势将切断威尼斯的香料供应，并有助于伊斯梅尔同奥斯曼作战。正如文艺复兴时期经常发生的那样，每当贸易与财富处于危难，宗教和意识形态的对立就涣然冰释。

全球探险之旅

到了1502年，海上航行的第一个重要阶段达到了高峰。托勒密的世界图景已被打碎，清晰可辨的世界现代形象已经开始浮现。葡萄牙人绕过非洲大陆，到达了印度；他们在前往东方的途中意外地发现了巴西（1500），并向马六甲（1511）、霍尔木兹（1513）、中国（1514）和日本（1543）推进。往西，哥伦布三次美洲之行开辟了兴旺发达的黄金、白银和奴隶贸易。从1497到1502年，阿梅里戈·韦斯普奇（Amerigo Vespucci）四次远航，他证明了哥伦布发现的是一块新大陆。阿梅里戈通过印刷出版物四处传播他的发现，由此令得欧洲人将他而不是哥伦布与这片新大陆联系在了一起，将之称为“亚美利加”。卡斯蒂利亚现在宣称自己占有了单独的一块大陆，还有一个有待打造的帝国，这个帝国足以抗衡它在伊比利亚半岛的邻居——葡萄牙。

就在欧洲人的地理想象遭到修正的同时，他们日常生活的构造也发生了转变。源源不断运回欧洲的香料影响了人们饮食的内容和方式，椰子、柑橘、山药和香蕉（从东方），菠萝、落花生、番木瓜和土豆（从美洲大陆）的输入，也产生了同样的影响。“香料”一词也可用于指一系列品种繁多、令人目眩的药材（包括鸦片、樟脑和大麻）、蜂蜡、食糖和化妆品。丝绸、棉花和丝绒改变了欧洲人的衣着，麝香和灵猫香改变了他们的嗅觉。靛蓝、朱砂、紫胶、藏红花和明矾等染料为欧洲增添了亮色，而瓷器、琥珀、乌木、檀香木、象牙、竹子和上漆的木制品，这一切都改造了富人公共场所和家庭的室内布置。欧洲也从东西方各地运回了诸多仅流行于小圈子、但备受珍视的货物，郁金香、鹦鹉、犀牛、象棋用具、性具和烟草只是其中的一些。里斯本摇身一变，成为欧洲最富有的城市之一，在那里几乎没有什么东西是买不到的。王公的珍品室里陈列着珠宝、盔甲、雕像、绘画、牛黄石，甚至还有鹦鹉、猴子和马匹。阿尔布雷希特·丢勒兴致勃勃地罗列了他弄到的非洲盐碟、中国瓷器、檀香木、鹦鹉以及印度的椰子和羽毛。

1513 年，葡萄牙人最终于到达了摩鹿加，这里是印度尼西亚群岛中由少数岛屿组成的岛群，专门出产丁香。这一发现引发了一场严重的政治危机。自从《托德西利亚斯条约》签定以来，葡萄牙一直在东方追求它的商业利益，而卡斯蒂利亚一心向西方扩张。按照显然为《托德西利亚斯条约》所使用的平面地图上绘制的界线，这样做还说得过去。可是，摩鹿加群岛的发现却带来一个问题：如果沿着地球仪环绕世界一圈来划界，那么这条界线应该落在东半球的何地。

这时葡萄牙领航员费尔南・德・马加良斯（Fernão de Magalhães）登场了，今天他更为人熟知的名字是费迪南德・麦哲伦。他猜想，如果向西开辟一条通往摩鹿加群岛的路线，这条路线是否会短于葡萄牙人环绕好望角的那条航线。可是，就在麦哲伦重新拾起最早由哥伦布提出的、向西航行可以到达东方的想法之时，他遇到了一个问题：葡萄牙人反对这项计划；于是他向卡斯蒂利亚国王（未来的哈布斯堡王朝皇帝查理五世）呈递了这份方案。这是一个雄心勃勃的商业计划，需要对远航作出投资，它是体现文艺复兴时期许多导致“地理发现”的航行动机的典型例证。麦哲伦的目的可不是为了环游地球。他建议向西航行到摩鹿加群岛，再经由南美洲返回。根据外交和地理的先例，这样就可以宣称摩鹿加群岛归卡斯蒂利亚，切断葡萄牙上等香料的供应，从而将里斯本的财富转到卡斯蒂利亚的囊中。麦哲伦为拿到赞助资金所作的成功的游说是以地球是圆的为基础的。1519年他到达塞维利亚，随身带着“一个精心绘制的、显示了世界全景的地球仪，地球仪上还勾画出准备航行的路线”。此时，最能准确反映16世纪政治和商业地理面貌的，不是地图，而是地球仪。

麦哲伦很快就说服了卡斯蒂利亚王室。1519年9月他扬帆起航。在沿着南美海岸航行的过程中，麦哲伦不得不镇压水手哗变，而在寻找途径穿过现在以他的名字命名的南美洲南端的海峡之时，他又损失了两艘船。他花上了数周时间穿越太平洋，这个大洋比他地图上标明的要大得多。船队最终于1521年4月到达菲律宾群岛的三描岛，就在这里，麦哲伦与当地人发生了一起小规模冲突，结果连同他的40名水手一起被当地人杀死。船队的剩余人员再次启航，最终到达摩鹿加群岛，他们在此地将丁香、胡椒、姜、肉豆蔻和檀香木装满船只。由于无法按照原计划经由麦哲伦海峡返航，全体船员同意经过好望角返回，尽管这样做有被葡萄牙巡逻船只俘获的危险。他们的决定造就了世界历史。在1522年9月8日，最初的240名船员中只有 18 名回到了塞维利亚，他们完成了有历史记录的首次环球航行。

麦哲伦航行的消息在外交上掀起一场轩然大波。查理五世立即将这次航行视为摩鹿加群岛属于他控制的半球之内的证明。他的幕僚们开始从外交和地理上寻找依据，以期获取这块属地的所有权。卡斯蒂利亚人聪明地利用了经典权威来支持自己的主权要求。托勒密对亚洲面积的过高估计让他们占了便宜。卡斯蒂利亚王室在他们的地图中重复了有失准确的亚洲的跨度，从而使摩鹿加群岛东移，落入应由他们掌控的半球。在卡斯蒂利亚人提交的地图和地球仪上，"托勒密的描述和数字，与那些从香料产地返回的人新近带回的描述和模型是一样的……因此，苏门答腊岛、马六甲群岛和摩鹿加群岛都落入我们的界内"。

1529 年，正当两国王室在萨拉戈萨坐下来试图最终解决纠纷之际，卡斯蒂利亚王室雇请葡萄牙地图绘制员迪奥戈·里贝罗（Diogo Ribeiro）制作了一系列将摩鹿加群岛纳入卡斯蒂利亚王室控制的半球之内的地图和地球仪。从这时起，文艺复兴世界开始在比较明确的现代意义上具有全球性。麦哲伦远航产生的影响意味着地球仪对世界形状和面积的再现要远为具有说服力。

尽管这类地球仪并未流传下来，但是，出自里贝罗之手、标为 1529 年的世界地图却保存了下来，证实了这场以操纵地理现实为特征的纠纷。里贝罗把摩鹿加群岛置于《托德西利亚斯条约》所规定的分界线以西、西经 172.5 度的地方，只差 7.5 度就超出卡斯蒂利亚王室的势力范围。这张地图为查理五世提供了他所需要的谈判筹码。他把摩鹿加群岛的专属权回售给不幸的葡萄牙人。查理五世实际上已经意识到，眼前的现金要比长远的商业投资更为可取，因为向西建立一条通往摩鹿加的贸易航线需要巨大的成本和庞大的后勤供应。里贝罗成为卡斯蒂利亚王室最尊崇的地图绘制员；他早已料到，自己在地理上耍弄的诡计绝不会被人戳穿，因为在无法精确计算经度的情况下，根本不可能准确地锁定摩鹿加群岛的位置。

新世界，老故事

随着哥伦布发现美洲，源源不断注入查理的哈布斯堡帝国金库的金银开始令东方香料贸易的收入相形见绌。葡

图 15 迪奥戈·里贝罗于 1529 年绘制的球体投影图操纵了地理知识，将摩鹿加群岛置于哈布斯堡王朝所控制的半球之内

萄牙在东方各地建立需要新的商贸和交易机制的贸易站，西班牙则使用武力将美洲变成一个巨大的贩奴和采矿殖民地。

1521年，埃尔南多·科尔特斯（Hernado Cortes）到达阿兹特克帝国的首都——特诺奇提特兰城（今天的墨西哥城）；他系统地摧毁了这座城市，杀死了其大部分居民，包括皇帝蒙提祖马二世（Montezuma II）。1533年，冒险家弗朗西斯科·皮萨罗（Francisco Pizarro）带领数目寥寥的一帮征服人马占领了印加帝国的首都库斯科（位于今天的秘鲁）。当地人几乎没有商业或军事力量来对抗西班牙人的残暴掠夺；西班牙人在他们征服的地区强制推行一种准封建性的管辖方式，即所谓的“监护征赋制”（*encomienda*）。根据这种制度，人数不多的土著居民被分配给西班牙监护人管辖，西班牙监护人为他们安排了残酷的剥削性质的“生计”（实际上是强迫性的无报酬苦工）和基督教教育。

据保守估计，在1500年全世界近4亿人口中，约有8,000万居住在美洲大陆。到了1550年，美洲的人口只剩下1,000万。在16世纪初，据估计墨西哥的人口有

2,500万，到了1600年，骤降到100万。诸如天花和麻疹等欧洲传来的疾病灭绝了大部分土著人口，可是战争、屠杀和残酷虐待也是许多人死于非命的原因。发现金山银山的浪漫传奇很快转变为肮脏血腥的采矿和蓄奴勾当。

西班牙对美洲的剥削直接影响了欧洲经济。最初，殖民者从伊斯帕尼奥拉岛（即海地岛）和中美洲将黄金源源不断地运回欧洲。然而，征服墨西哥和秘鲁很快就使得白银开采占据了上风。1543至1548年间，墨西哥城以北的萨卡特卡斯和瓜纳华托发现了白银矿床；1543年，西班牙人在玻利维亚的波托西发现了那座恶名昭彰的塔糖状银山。随着汞齐化法的发现，决定性的突破在1555年出现；用水银熔化白银矿石可以提炼出纯度高得多的白银。其结果是海量的白银流入欧洲。到16世纪末，每年有超过27万公斤的白银和近2,000公斤黄金运抵欧洲，令得通货膨胀加剧。由于工资水准和生活成本飙升，造成了经济史家所说的“价格革命”，为欧洲资本主义的长期发展提供了框架。

美洲的矿山和种植园需要工人，而当地人口又大量死亡，很快地这就意味着西班牙人需要另辟劳动力来源。他们的解决办法是使用奴隶。1510年卡斯蒂利亚国王费迪南德（Ferdinand of Castile）批准从非洲进口50名奴隶，运到伊斯帕尼奥拉岛的矿山。1518年，阿隆索·苏亚索（Alonso Zuazo）从那里给查理五世写信，对印第安人的工作效率表示忧虑。他建议“进口黑奴（*negros*），他们是这里的理想干活人选，与土著形成明显对照，土著人衰弱无力，只适合干轻活”。从1529到1537年，卡斯蒂利亚王室颁发了360张许可证，允许从非洲往新世界贩奴。这些非洲奴隶，有的是被绑架来的，有的是葡萄牙“商人”以50比索一个的价格在西非买来的，他们被塞上船运往新世界，文艺复兴时期最可耻的特色之一由此而产生。在新世界，这些非洲奴隶以高出购买价一倍的价格被卖到矿山和种植园干活。从1525到1550年，有将近4万名奴隶被从非洲运往美洲；奴隶贸易富了欧洲，却带给了非洲社会毁灭性打击。

并非所有的西班牙人都赞成在美洲的屠杀和压迫行为。方济各会修士弗雷·莫托利尼阿（Fray Motolinia）认为，“如果有人问我，造成这么多罪孽的原因是什么？我会回答：贪婪”。巴托洛梅·德·拉斯·卡萨斯（Bartolomé de Las Casas）也认为，“我不是说他们是出于憎恨想杀死他们（印第安人）；他们杀人是因为想要发财，想要得到许多黄金”。在哲学上，新世界的发现也改变了欧洲人对自身文化优越性的认识。人文主义者米歇尔·德·蒙田（Michel de Montaigne）在1580年出版的《随笔集》中《论食人生番》一文里声称，他曾与几位巴西的印第安人详谈过。他的结论是，“在这些民族身上并没有不开化或野蛮的东西，只不过每个人都把自己不习惯的东西称作野蛮”。蒙田发展出一种具有高度怀疑精神和相对主义的方法来看待“文明”和“野蛮”；他认为，“根据理性的原则，我们固然可以称这些人为野蛮人，可是，与自身进行比较时我们却无法这么做；就每一种野蛮行径而言，我们都超过他们”。

美洲的发现给文艺复兴时期欧洲的世界图景带来了革命性变化。它使得根深蒂固的古典哲学和宗教信仰变得混乱；这些信仰与土著居民的文化、语言和信仰体系是凿枘不入的。它在一定程度上帮助界定了欧洲从中世纪世界向面貌更为清晰的现代世界的转变。然而，美洲的发现将欧洲人对未知新事物的变化无常的恐惧与追求无限财富的贪欲结合起来，这种欲望无视美洲土著人和奴隶承受的令人难以置信的苦难和压迫。直到今天，它的影响还可见于许多南美国家的贫困和政治动荡之中，以及构成现代全球经济特点的财富和机会的不平等之中。

第五章

科学与哲学

来吧，靡菲斯特，我们再争论一次，

探讨一下神圣的占星术。

你说，月亮以上是否有许多星体？

是否所有天体均为球体，

正如这居于中心的地球的本质一样？

（浮士德语，见克里斯托弗·马洛《浮士德博士》，约1592年）

克里斯托弗·马洛的《浮士德博士》戏剧化地表现了文艺复兴时期与科学和思辨思想的兴起相伴而生的兴奋和危险。浮士德是一位博学的“占星家”，他对天文学、解剖学和哲学的研究已经登峰造极。为了寻求战胜死亡的魔法力量，浮士德把自己的灵魂出卖给了魔鬼靡菲斯特。他虽有机会悔改，却不肯这么做。他对就有争议性的“神圣占星术”方面的话题向靡菲斯特发问更感兴趣。浮士德最终遭到天谴，下了地狱。然而，他倾心学问和轻视宗教的态度却生动地表现了文艺复兴晚期大众的想法。他的命运概括了现代人对于科学实验伦理的焦虑。这种矛盾态度（我们想知道，可是我们会知道太多吗？）捕捉到了15和16世纪大众科学与应用科学转型时期的氛围。由于寻求解决实际问题的科学协作的复兴、不同文化之间的思想交流，以及新技术产生的巨大影响，个体与其身心以及环境之间的关系都得到了改变。

从宏观世界到微观世界

浮士德出卖了灵魂之后，他向靡菲斯特索要这样一本书，“从中我可以看到天空所有的特征和行星”。浮士德可以参看的最有争议性著作是波兰教士兼天文学家尼古劳斯·哥白尼的《天体运行论》。这本具有革命意义的著作最早在纽伦堡于1543年5月印刷出版，它推翻了中世纪的信仰：地球处在宇宙的中心。哥白尼的天体体系认为

NICOLAI COPERNICI

net, in quo terram cum orbe lunari tanquam epicyclo contineri diximus. Quinto loco Venus nono menſe reducitur. Sextum deniq; locum Mercurius tenet, octuaginta dierum ſpacio circũ currens. In medio uero omnium reſidet Sol. Quis enim in hoc

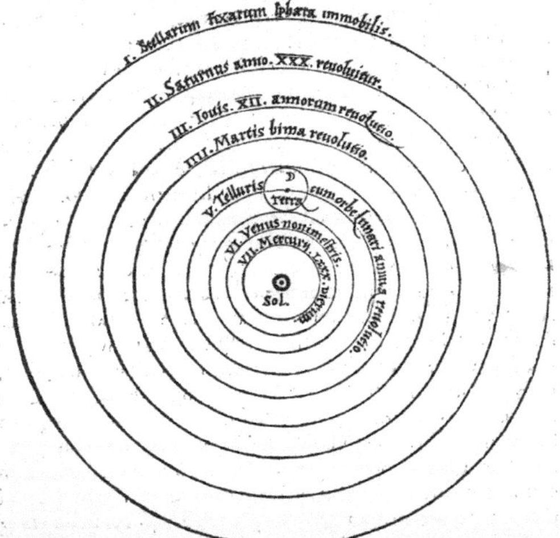

pulcherimo templo lampadem hanc in alio uel meliori loco poneret, quàm unde totum ſimul poſsit illuminare? Siquidem non inepte quidam lucernam mundi, alij mentem, alij rectorem uocant. Trimegiſtus uiſibilem Deum, Sophoclis Electra intuentē omnia. Ita profecto tanquam in ſolio regali Sol reſidens circum agentem gubernat Aſtrorum familiam. Tellus quoq; minime fraudatur lunari miniſterio, ſed ut Ariſtoteles de animalibus ait, maximã Luna cũ terra cognationē habet. Concipit interea à Sole terra, & impregnatur annuo partu. Inuenimus igitur ſub

hac

图 16 尼古劳斯·哥白尼的日心体系，见他的《天体运行论》(1543)；太阳（Sol）首次位于宇宙的中心

地球，连同其他所有已知的行星，都围绕着太阳运转。哥白尼细致入微地修正了古希腊和阿拉伯学者的成果。他认为，“他们并没有达成自己的目标，但是，如果我们接受地球运动这一事实，我们则有望达成这一目标”。

哥白尼试图让自家的思想附会于古典科学传统，以此来限制它们的革命意义。但天主教会还是给吓坏了，他们起来谴责这本书。哥白尼的论点推翻了《圣经》中的信条：地球——还有地球上的人类——处于宇宙的中心。这是一种具有解放意义的、但却很危险的思想。

哥白尼的论著出版不到一个月，另一本书问世，它将改变另一个科学领域，它就是安德烈亚斯·维萨里（Andreas Vesalius）的《人体结构》。维萨里的这本书于1543年6月在巴塞尔出版，它标志着现代观察科学和解剖学的诞生。该书扉页描绘了这样一个情景：维萨里在绘声绘色地上一堂公开解剖课，课堂设在一个“剧院”里，他身边围满了学生、市民和同行医生。维萨里在读者的目光注视下剥开了一具女性尸体的腹部。这一姿态诱使读者打开书，追随解剖学家，看他如何将这具人体割得只剩下悬于解剖对象上方的那副骨骼。维萨里揭示了身体内部的奥秘；在他看来，身体内部仿佛是一幅由肌肉、血液和骨骼构成的复杂地图，对于它的研究可能永无止境。他对人体秘密的探索为16世纪下半叶对耳朵、女性生殖器官、静脉系统的研究开辟了道路，也为威廉·哈维（William Harvey）在1628年提出的血液循环理论打开了窗口。

维萨里的解剖学研究建立在以实际经验为依据的井然的观察和分析的基础之上。对维萨里来说，这就得去偷盗死囚犯和病人的尸体。正如他所承认的："我根本不怕在半夜里去攫取我急想得到的东西。"维萨里发现了人体的微观秘密，而哥白尼则探索了宇宙的宏观奥秘。这当中蕴含的意义是深远的。哥白尼瓦解了神造世界的观念，最终改造了对时间和空间的科学认识。世界不再被认为由神决定，相反，地球被视为浩瀚宇宙时空中的一个行星。维萨里将个体视为一种由血液、肌肉和骨骼构成的、无比错综复杂的结构；后来，在莎士比亚笔下，哈姆雷特称之为"泥土塑成的生命"[1]，哲学家勒内·笛卡尔（René Descartes）则称其为一台"移动的机器"。

1 译文见莎士比亚：《哈姆雷特》，朱生豪译，《莎士比亚全集》第九卷，人民文学出版社，1978年版，第49页。

图 17 安德烈亚斯·维萨里《人体结构》(1543)一书的扉页；在扉页上，戏剧性的解剖场面仿佛发生在剧院

与哥白尼和维萨里的著作并行问世的有数以百计的出版物，它们开始界定那些科学探索中新兴的学科：数学、物理学、生物学、自然科学和地理学。卢卡·帕乔利（Luca Pacioli）的《算术、几何与比例法全书》（1494）是第一部论述算术与几何实际应用的著作，它是意大利在1472至1500年间出版的214部数学书中的一部。1545年，占星术士杰罗尼莫·卡尔达诺（Geronimo Cardano）出版了《大衍术》，这是当代欧洲第一部代数学论著。1537年，尼科洛·塔尔塔利亚（Niccolò Tartaglia）发行了《新科学》一书，论述了物理学；此后他又出版算术学著作《论数字和度量》（1556）。在自然科学方面，莱昂哈德·富克斯（Leonhard Fuchs）的《植物志》（1542）研究了500多种植物，而康拉德·格斯纳（Conrad Gesner）的《动物志》（1551—1558）收入了数以百计的插图，这些插图重新界定了动物学。在地理学方面，采用新方法绘制世界地图的实验在赫拉德·墨卡托（Gerard Mercator）于1569年绘成的世界地图中达到顶峰：他采用的著名的投影法直到今天还在使用。

文艺复兴时期的科学创新始终与实际需要密切相关，

这在军事领域体现得尤为明显。尼科洛·塔尔塔利亚论及机械学、力学和运动的出版物是现代弹道学研究的最早著作。他把《探讨与发明》（1546）一书题献给有志于武功的亨利八世，该书内容涉及弹道学以及火炮的制造和使用。塔尔塔利亚的著作回应并且进一步推动了武器和军事领域的新发明，从14世纪初使用火药作为推进剂，到16世纪骑兵作为武装冲突中的决定性因素异军突起，都在这些创新发明的范围之内。这类军事科学的发展进一步推动了解剖学和外科学的进步。1545年，安布鲁瓦兹·帕雷（Ambroise Paré），维萨里的一位极大的崇拜者，根据他在16世纪40年代法国—哈布斯堡王朝战争中获得的经验，出版了外科学研究著作。帕雷反对当时盛行的枪伤有毒论，并且摈弃了用沸油处理伤口的方法，这一实用性的革新后来为他赢得了近代外科学之父的称号。

几何学和数学也为帮助人们理解商品和纸币在全球日益复杂并且常常是隐于无形的流通提供了新的方法。它们还使船舶设计、测量学和地图绘制取得新进展成为可能，这就造成了贸易以超乎人们想象的速度和数量增长。雷乔蒙塔努斯（Regiomontanus）的《论各种三角形的五部书》

成为 16 世纪地图绘制员和航海者的必备。它对球面三角学的复杂处理使得地图绘制员在制造地球仪和绘制地球投影的时候可以将地球表面的弯曲度计算在内。这部著作最早于 1533 年在纽伦堡印刷出版，这里是 1522 年环球首航之后开始兴起的早年地球仪制造行业的诞生地。

数学、天文学和几何学领域的科学创新为不论向东还是向西、抱负日渐远大的长途旅行和商业贸易提供了条件，而长途旅行和商业贸易既创造了新的机会，也带来了新的问题。随着在非洲、东南亚和美洲大陆各地接触到新的民族、植物、动物和矿物，欧洲人扩大和重新界定了其生理学、植物学、动物学以及矿物学的范围。这些学科的发展常常与商业有关。乔治·阿格里科拉（Georgius Agricola）的《金属学》首次出版于 1556 年，涉及“矿石采掘”、“熔化”、“从金中提炼出银，从金和银中提取出铅”，以及“制造盐、苏打、矾、硫酸盐、硫磺、沥青和玻璃”。化学、矿物学，还有阿格里科拉在德意志南部矿区的观察和经历，这三种因素结合在一起，给采矿技术带来了革命，并在 16 世纪后半叶美洲白银生产量和出口量的大幅增长中发挥了关键作用。

商人与金融家很快就意识到投资科学是一桩有利可图的生意。1519 年，德意志人文主义者乌尔里希·冯·赫顿（Ulrich von Hutton）写了一本关于愈疮木脂的论著；愈疮木脂是美洲产的一种奇妙新药，据信可以治疗梅毒。作者将此书题献给美茵茨大主教；他在献词中写道："我希望阁下未曾染上梅毒，可是，假如您已经染上的话（但愿不要这样，可这谁也说不准），我很乐意为您治疗，把您治愈。"人们曾经（错误地）认为梅毒源于新世界，是在 1493 年被哥伦布带回欧洲的。他们还认为，这种疾病的原发地一定能提供治疗办法。德国商业巨族富格尔（Fugger）垄断了该药材的进口，他们开始为愈疮木脂造势，开设一家又一家专门供应这种药物的医院。由于价格上涨和无效性开始显露，瑞士医师和炼金家帕拉切尔苏斯（Paracelsus）开始接连发文攻击愈疮木脂，指责它是一场商业骗局，并推荐服用令人痛苦的汞盐治疗梅毒。

帕拉切尔苏斯摈弃了古典的体液论信条；体液论认为人体内部的四种构成液体——血液、黏液、黄胆汁和黑胆汁——应当保持平衡。与此相反，他采用了炼金术色彩明显的方法来研究医学，认为自然的基本构成成分与特定的疾病相匹配，因此他在治疗梅毒等疾病的过程中采用了铁、硫磺和汞等元素。在借鉴实践性的试错法和化学的过程中，帕拉切尔苏斯与医学机构以及金融界的当权人士产生了冲突。富格尔家族针对他论述梅毒和汞盐的著作作出了反应。他们凭借雄厚的财力压制他的作品的出版，嘲笑他的科学信誉。这些冲突预示了现代制药业的兴起和专利医药的出现。

来自东方的科学

文艺复兴的科学也从东西方之间不断加强的知识传播中得到了额外的推动力。许多希腊文科学典籍在阿拉伯文、波斯文和希伯来文的译本中得以保存，而且，它们在西班牙的托莱多和 9 世纪建于巴格达的科学院等地经过修订。伊斯兰教的学术中心在推动以希腊学术和阿拉伯创新为基础的科学进步方面发挥了关键性作用，尤其是在医学和天文学领域。早在 12 世纪 40 年代，阿拉伯文典籍的拉丁文译者桑塔拉的乌戈（Hugo of Santalla）写道：“阿拉伯人尤其适合我们师法，因为他们现在和过去都是我们的老师和先驱。”

阿拉伯人的医学研究直接影响到知识在西方的传播。10 世纪的阿拉伯学者阿维森纳（Avicenna）在撰写他那部百科全书式的著作《医典》的时候，研究了加仑（Galen）和亚里士多德的古希腊医学论著。他给医学下的定义是：“我们借以了解人体各种状态的科学，何时身体健康，何时不健康；我们靠它维护健康，在身体失去健康之后，我们靠它恢复健康《”医典》于 12 世纪被克雷莫纳的杰拉德（Gerard of Cremona）在托莱多译成拉丁文。从 1500 到 1550 年，随着阿维森纳的著作在欧洲各地成为大学指定的医学教科书，这个译本在意大利印行了 30 多版。1527 年，威尼斯医师安德烈亚·阿尔帕戈（Andrea Alpago）根据他本人曾为威尼斯驻大马士革领事馆医生的经历，出版了一部新版的《医典》。阿尔帕戈还研究了叙利亚医师伊本·纳菲斯（Ibn al-Nafis，1213—1288）的著作，此人对肺部血液运动的研究影响了 16 世纪欧洲对血液循环的探讨。维萨里指责说，那些学院派医师花费时间“无谓地去诋毁阿维森纳以及其他阿拉伯作者”。他本人为阿拉伯医学所折服，开始学习阿拉伯语，并撰写评论赞扬拉齐（al-Razi，拉丁语作 Rhazes）的治疗学和药物学论著。1531 年，奥托·布隆费尔斯（Otto Brunfels），所谓的“植物学之父”，编印了 9 世纪伊本·萨拉碧云（Ibn Sarabiyun，即小塞拉皮翁 [Serapion the younger]）的医学著作，这本书对他本人理解植物学产生了决定性影响。

在天文学和地理学领域，阿拉伯学者在翻译希腊宇宙结构学家托勒密的关键著作方面，发挥了尤为重要的作用。他的《天文学大成》和《地理学指南》在托莱多、巴格达和撒马尔罕等地被从希腊文译成阿拉伯文，得到学者的研究评论，后来又被修订。当君士坦丁堡于 1453 年陷落之后，奥斯曼帝国苏丹征服者穆罕默德被证明是托勒密的热情拥护者。他委托希腊学者乔治·阿米鲁提斯（Georgius Amirutzes）修订托勒密著作的阿拉伯文本。1465 年完成的世界地图综合了托勒密的估算与比较时新的阿拉伯、希腊和拉丁文的地理学信息。这幅地图将南方定位在上方，带有纬度的刻度，以及运用了复杂的圆锥形投影，这一切都表明，它是一幅处于科学进步潮头的世界地图。

东西方之间的科学交往也对哥白尼论述太阳系的日

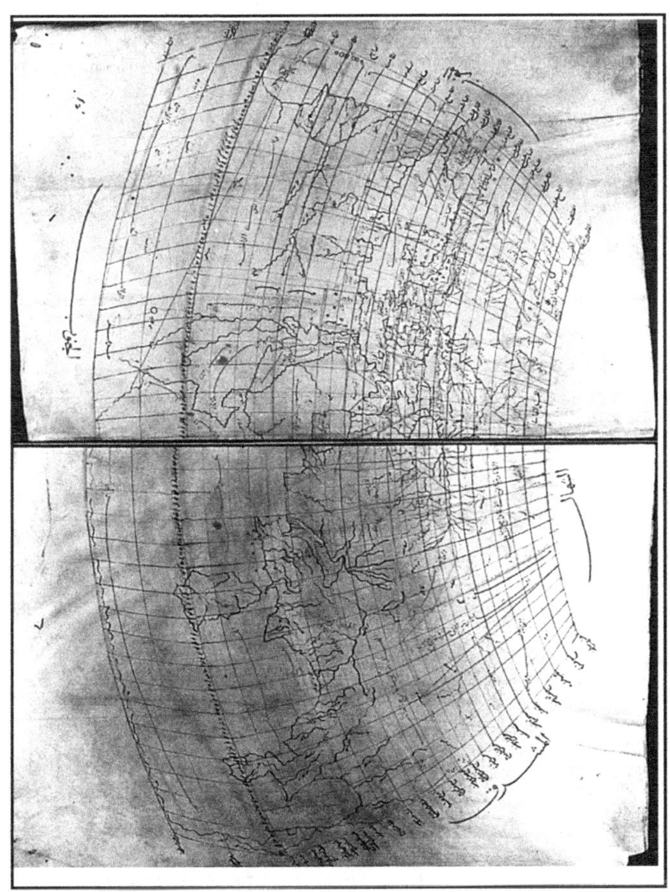

图 18 征服者穆罕默德委托乔治·阿米鲁提斯于 1465 年修订的托勒密的世界地图；这显示出托勒密研究在东西方的发展情况

心性质作出了贡献。阿拉伯天文学和数学最重要的研究中心之一是 13 世纪中期成立于波斯的马拉盖天文台，其领导人物为突纳西尔丁·图西（Nasīr ad-Dīn al-Ṭūsī[1]，1201—1274）；图西的《天文学忆往录》（*Tadhkira fī'ilm al'haya*）修正了托勒密关于星球运动的自相矛盾的研究。他对托勒密最重要的修正产生了“图西力偶”。这条定理确定，线性运动可由圆周匀速运动演化而成；图西利用一个球体在另一个半径是它一倍的球体内部滚动证明了这一点。现在天文学史家已经认识到，哥白尼在他的《天体运行论》中重复了图西力偶，而且，这条定理对于形成他的太阳系日心观非常重要。过去没人去寻找阿拉伯对文艺复兴科学的影响，因为人们臆断，从那里找不到什么东西。

科学的艺术

印刷出版让艺术与科学史无前例地结合在一起，有一个人充分利用了这一形势，他就是阿尔布雷希特·丢勒。他很快就掌握了新的铜板蚀刻技术，并且前往意大利“学

1 纳西尔丁·图西的英文拼写应为 Nasīr al-Dīn al-Ṭūsī，疑为作者之误。

习透视法的秘密”。他相信“这门新学问一定是以科学、尤其是以数学为基础的，在所有科学当中，数学是最精确、最具逻辑性和最能以图解形式表现的科学”。1525 年，他出版了一部论述几何和透视法的著作，书名为《圆规与格尺测量法教程》，这“不仅遗惠于画家，而且遗惠于金匠、雕刻家、石匠、木匠，以及所有离不开测量的人”。

丢勒的书解释了透视与光学这门新科学的应用。该书还收入了“绘图仪”的插图，使用“绘图仪”可以将透视网格投映在绘画对象身上。他绘制的一幅插图表现了这样一个情景：一位绘图员正使用观测器在纸上为绘画对象定位。艺术家平板上的网格状结构对应着绘图员与模特之间的那块玻璃隔板。绘图员要做的，就是将玻璃板上显现的光点都摹写在平板上相应的网格参照物上。丢勒的插图

图 19 丢勒书中的绘图师正透过“绘图仪”凝视一个裸体女人；出自丢勒印刷于 1525 年的《测量法教程》

与维萨里《人体结构》中的女尸有许多相似之处；剖开女尸的腹部，是为了给一屋子男性带来医学启迪。以丢勒和维萨里之见，在这场艺术和科技革命中，女性除了充当解剖对象或者沉默无言可作为性对象的模特之外，起不到其他作用。

早期影响过丢勒生涯的一个人，可说是文艺复兴时期艺术与科学关系的化身，此人就是莱奥纳尔多·达·芬奇。卢卡·帕乔利宣称，莱奥纳尔多是“最有价值的画家、透视学家、建筑师和音乐家，他在所有领域都登峰造极”；他利用自身精深的科学知识，向人推销自己在雕刻、勘测、军事工程和解剖学绘图等领域的才能。莱奥纳尔多能够将艺术技能与实用科学能力结合起来，这让好几位有权势的恩主都高度重视他的贡献。

1482年，米兰公爵卢多维科·斯福尔扎（Duke Ludovico Sforza of Milan）根据他递交的一份简历，雇请他为军事工程师；他在简历中突出了自己掌握的实用才能：

我有修建轻巧、坚固和方便携带的桥梁的计划……我有办法摧毁任何一座堡垒……我将制造加农炮、迫击炮和轻型

> 火炮……我将装配弩炮、射石机、投石机以及其他器械……我相信我能在建筑学领域以及兴建公共和私人建筑方面让人十分满意……而且我能用大理石、青铜雕刻，用黏土雕塑。

卢多维科舍弃了莱奥纳尔多奇思怪想的军事科学，转而委托他铸造一尊巨大的骑士雕像。莱奥纳尔多声称这尊雕像“将记录显赫的斯福尔扎家族……不朽的光荣和永恒的荣耀”。莱奥纳尔多绘制的坐骑比例和铸造草图表明他运用了自己掌握的水力学、解剖学和设计的所有技能，为斯福尔扎设计了一座表现市民颂扬之情的雕像。

与他的大部分颇具技术雄心的工程一样，莱奥纳尔多的这座雕像从未动工。他改换了门庭，于 1504 年和奥斯曼帝国苏丹巴耶塞特二世（Bayezid II）洽谈，准备在博斯普鲁斯海峡兴建一座 350 米长的大桥。他在写给巴耶塞特的信中说：“我要把它建得像一座高耸的拱门，这样一来，船只可以满帆从下面驶过。”莱奥纳尔多的设计不切实际，巴耶塞特给惹火了，撇开他开始与米开朗琪罗商谈。莱奥纳尔多有一大失算：他没有将自己的想法付梓。结果，与丢勒不同，莱奥纳尔多没有为后人留下具体的创新成果。直到19世纪，沃尔特·佩特将他从默默无闻的状态下发掘出来之前，他一直是一位才华横溢的、但却是谜一般的人物。

自然哲学

在15世纪，科学、哲学与法术不分家。三者都被归在“自然哲学”这个笼统的名称之下。对于自然哲学的发展至关重要的是古典作家的重新发现，而在这当中，又以亚里士多德和柏拉图的著作最为重要。15世纪之初，亚里士多德依然是所有经院哲学的哲学和科学思辨的基础。他的思想保存在阿威罗伊（Averroës）和阿维森纳的阿拉伯文译本和注疏当中，为人们看待人类与自然世界的关系提供了系统的视角。他存留下来的典籍——例如《物理学》、《形而上学》和《气象学》——为学者理解创造自然世界的力量提供了逻辑工具。人类作为终有夭年的“政治动物”存在于这个世界上，由于他们的逻辑思维能力远远超出其他动物，因此，他们注定形成社会群体。始自15世纪初，人文主义学者开始将亚里士多德的

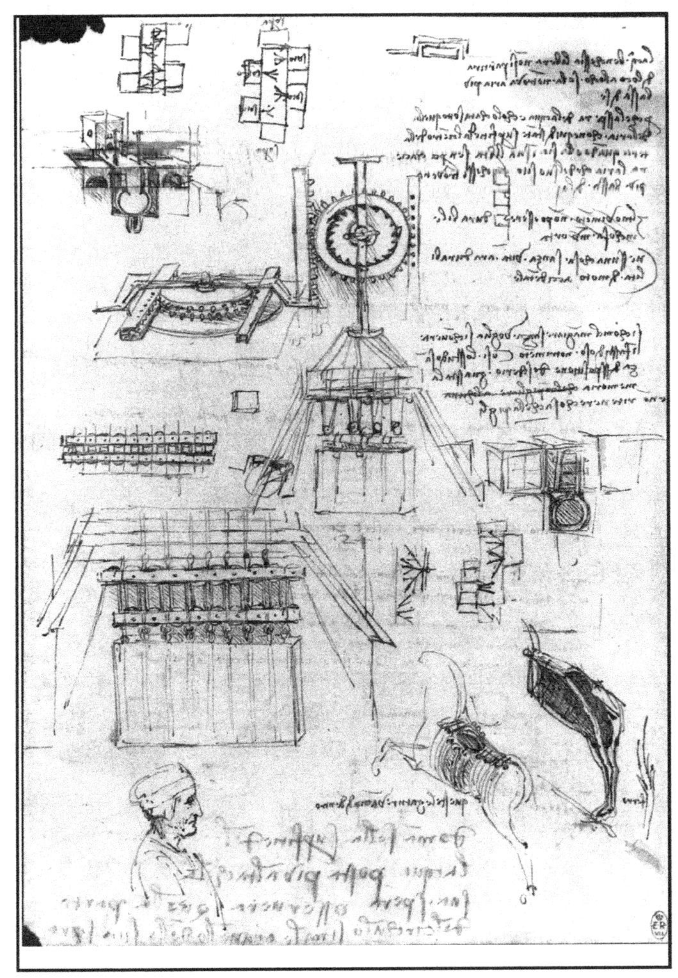

图 20 列奥纳多为斯福尔扎骑马雕像试画铸造坑，完成于 1498 年；雕像始终未能建成

著作翻译成拉丁文，而且发现了诸如《诗学》以及伪托亚里士多德的《力学》这类新文本。在建筑领域，工程师利用了《力学》对运动和机械装置的描述。在政治和家务管理领域，莱奥纳尔多·布鲁尼翻译了《政治学》、《尼可马亥伦理学》和《家政学》；后者研究了庄园和家庭组织，布鲁尼认为这对于15世纪意大利社会的市民组织至关重要。

正当人文主义学者开始出版亚里士多德著作的新译本和注疏之时，他们也重新发现了整整一大批被忽视的经典作家和哲学视角，其中以斯多噶主义、不可知论、伊壁鸠鲁主义和柏拉图主义的代表人物最为重要。他们取得的最重大的进展是重新发现和翻译了亚里士多德的老师柏拉图的著作。马尔西利奥·菲奇诺、库萨的尼古拉斯（Nicholas of Cusa）和乔瓦尼·皮科·德拉·米兰多拉（Giovanni Pico della Mirandola）等人的神秘唯心论的柏拉图主义认为，与亚里士多德的信条正相反，灵魂是不朽的，并且渴望宇宙的统一和热爱终极真理。根据菲奇诺在《柏拉图的神学》（1474）中的看法，禁锢在世俗肉体中的灵魂“试图把自己比作上帝”。菲奇诺

认为，柏拉图

> 以为，人的头脑从上帝那里接收了一切，它应当将一切还给上帝，这是公正和虔诚的。因此，如果我们致力于道德哲学，他规劝我们净化自己的灵魂，这样，灵魂最终会明晰澄澈，能够看到上帝神圣的光芒和对上帝的崇拜。

与亚里士多德主义相比，这种柏拉图式的方法有两个显著优点。首先，它能够更轻易地融入 15 世纪基督教的灵魂不灭论以及个体对上帝的崇拜。其次，它界定哲学玄思为个体最宝贵的财产。菲奇诺的柏拉图主义巧妙地抬高了他本人作为哲学家的职业地位。它摈弃政治而倾心于神秘的冥思，这也适合他的恩主、佛罗伦萨的统治者美第奇家族的科西莫的政治哲学，后者在 1463 年任命菲奇诺执掌他的哲学学院。

后来的哲学家迅速扩充和改进了菲奇诺的新柏拉图主义。在《结语》(1486) 的导论中，乔瓦尼·皮科·德拉·米兰多拉试图创造他所谓的“柏拉图与亚里士多德的和谐”，力求将古典哲学与基督教统一起来。皮科借鉴了神秘主义的犹太和阿拉伯典籍（他认识到阿拉伯哲学的意义，开始学习阿拉伯语），要确立自然哲学为形而上探讨最佳方法的地位。他声称，“自然哲学将会缓解那些折磨、扰乱和伤害精神的见解纷歧和冲突”。不幸的是，皮科的《结语》受到教廷委员会的调查，调查结果判定他的一些观点为异端。令后来的文艺复兴研究者更感兴趣的是皮科在《结语》中导论性的言论，他们认为这些言论提供了一种新的个体自我观。皮科借鉴了柏拉图的思想，他在导论中认为，人是“你自己的制造者和塑造者”，具有“想有什么就有什么，想怎么样就怎么样”的自由。在19世纪的沃尔特·佩特等作家看来，皮科的导论已成为对个体性以及文艺复兴人诞生的经典论述；1882年，这一导论被赋予了一个英文标题《论人的尊严的演说》，这一说法皮科本人从未用过。

柏拉图和亚里士多德两者都继续对16世纪的艺术、文学、哲学和科学产生巨大影响。新柏拉图主义启发了米开朗琪罗、伊拉斯谟和斯宾塞等各家大师的艺术和文学作品，而亚里士多德主义则包罗万象，允许科学家和哲学家根据他们所在的日益扩张的世界对它进行修正。然而，正当这个世纪行将结束之际，这两位哲学家在智识上的首要地位都慢慢地、但确定无疑地遭到了削弱。美洲的发现让蒙田在1580年认识到，亚里士多德和柏拉图的著作“无法应用于这些新的土地”。伽利略在17世纪初批驳了亚里士多德关于运动、加速度和宇宙性质的理论，他以此得出结论：“我非常怀疑亚里士多德曾经通过实验检测过自己的理论。”

弗朗西斯·培根爵士（Sir Francis Bacon）与伽利略一样，也反对亚里士多德。他开始倡导在科学分析过程中进行经验观察。到了1620年，培根提倡学术的“伟大复兴”，于此复兴中令“哲学与科学不再漂浮在云端，而是建立在各种经验的坚实基础上，得到同样充分的检验和衡量”。培根的《新工具论》直接反驳了亚里士多德的《工具论》（又名《理性思考的工具》），培根的书名即由此而来。亚里士多德主张在逻辑推理过程中使用三段论；根据三段论，从两个无可辩驳的前提出发，从逻辑上可以推导出一个特定结论（例如，所有人皆有一死，所有希腊人都是人，因此所有希腊人皆有一死）。根据这一程式，理论和言辞被认为比实践或经验更加可靠。培根将这一程式

颠倒过来。他认为，对于亚里士多德提出的那些基本的、公认的前提需要进行质疑，以及运用他所谓的

一种新逻辑、新学说，通过归纳法（因为发现三段论在自然科学上无能为力）进行发明和判断，从而让哲学和各门科学变得更加真实和活跃。

培根提出了一种全新的、以悉心收集自然材料为基础的科学知识论，而自然材料的收集又是建立在观察、实验和归纳的基础上的；换句话说，从特定的事实出发得出普遍的理论原则。它是对自然科学分类进行的一次重大改造，在他去世之时，这项改造仍未完成，但它打破了文艺复兴时期学者所尊崇的古典论断，并且成为皇家学会在17世纪后几十年中所从事的实验科学的先行者。1626年，培根完成了他的《新大西岛》。这本书借鉴了柏拉图的理想国，描述了一个乌托邦世界，但在这个世界中，最受重视的市民不再是哲学家，而是实验科学家。这是一次将要影响现代科学以及它与哲学的分道扬镳的转变。

第六章

重写文艺复兴

“文艺复兴时期的文学”这个术语与我们已接触的诸如“文艺复兴时期的人文主义”和“文艺复兴时期的科学”这类说法同样使人产生误解，同样属于年代误植。彼特拉克、马基雅维利、莫尔和培根都是政治家和外交官，只是到了后来，他们的著述才被贴上“文艺复兴时期的文学”这个标签，而如今全世界大学的文学系都在研究他们。直到 16 世纪末，随着戏剧在西班牙和英国等国的兴起，以及印刷业获利丰厚，诗人和小册子作家能够以专职创作为谋生之道，职业作家的概念才得以产生。不同类型的文学表达——诗歌、戏剧和散文——以各种方式对这些社会和政治变化作出了反应，而且在各个地区，反应的方式都有其独特的表现。现在人们所说的文艺复兴时期的文学主要由欧洲各国民族语言写成，这些民族语言包括：英语、法语、意大利语、西班牙语和德语。在这类文学发展的过程中，作家放弃了精英人士所使用的国际通用的古典语言（古希腊语、阿拉伯语，特别是拉丁语），主动用本民族语言创作。由于难以穷尽这些具体的民族语言创作传统，因此在下文中，我的重点放在具体与英语语言相关的诗歌、散文和戏剧的发展。

诗歌

与史诗一样，抒情诗被视为文艺复兴时期文学创作的顶峰。意大利和北欧宫廷文化的兴起为抒情诗高雅的感情提供了发挥的机会；它主要聚焦于心爱的女性情人，但同时也反思男性情人—诗人的主观状态。抒情诗最具影响力的先驱之一是人文主义学者彼特拉克。彼特拉克的《抒情诗集》收诗 365 首，写于 1327 至 1374 年期间，借鉴了但丁的抒情诗集《新生》。彼特拉克完善了商籁体（一种高度程式化的十四行诗），将其分为韵律谨严的两个部分（八行诗体和六行诗体，即十四行诗的前八行和后六行）。彼特拉克的十四行诗将女性对象理想化的同时还探索了诗人对自身身份的复杂情感。他在一首十四行诗中抱怨说：“在这种状态下，由于你的缘故，我成了女士。”这种亲切的、内省式诗风，让诗人得以通过他的恋人或宗教（二者经常合二为一）探索自身的道德状况。它开始影响整个15和16世纪文艺复兴时期的宫廷文化和诗歌。

这一传统的发展在意大利见于枢机主教本博（Bembo）的诗歌，在西班牙见于加西拉索·德·拉·维加（Garcilaso de la Vega）的作品，在法国见于若阿基姆·迪·贝莱（Joachim du Bellay）和皮埃尔·德·龙萨（Pierre de Ronsard）的诗篇，在英国则见于托马斯·怀亚特爵士（Sir Thomas Wyatt）16世纪中叶彼特拉克诗集的英译本。英国的传统在莎士比亚十四行组诗（约1600年）中达到极致；诗中名句“我情妇的眼睛一点不像太阳”（十四行诗，第130首[1]）戏仿了彼特拉克的手法。除了描写诗人与情人的关系，莎士比亚的十四行诗中又添了第三者——男性情敌，从而超越了彼特拉克。这种三角关系，以灵活的英文双关语表达出来，这是史无前例的。它让莎

1　书中所引莎士比亚十四行诗的译文，均见莎士比亚：《十四行诗》，梁宗岱译，《莎士比亚全集》第11卷，人民文学出版社，1978年版。

士比亚得以探讨男性之间的竞争以及文学恩主制和家庭仆役等问题（“希求这人的渊博，那人的内行”[十四行诗，第 29 首]），还探讨色欲造成的有害后果（“把精力消耗在耻辱的沙漠里”[十四行诗，第 129 首]）。

在第 134 首十四行诗中，诗人承认自己的情人为他的男性朋友所得：

因此，现在我既承认他属于你
并照你的意旨把我当抵押品，
我情愿让你把我没收，好教你
释放另一个我来宽慰我的心。

诗人希望，他至少还能与情敌保持男性之间的友谊，但诗的结尾却说，就是这一点也不可能做到：“我把他失掉；你却占有他和我 / 他还清了债，我依然不得开脱。”诗人把自己“抵押”给情人，为了保存友谊，他情愿让情人“没收”自己，但到最后，那位朋友也沉溺于情人的美色。诗人希望朋友还清债务，即偿还“全部”，但是，这里使用的双关语“全部 / 洞”（whole/hole）是一个赤裸裸的性意象，显示了这个女子让两个男人“中圈上套”的本事。诗中语言借用了伊丽莎白时代对于司法义务和金钱债务的特有体验。它对韵律和双关语的运用尤其体现出英语的特性。莎士比亚已经摆脱了彼特拉克的拉丁式文风和古典式影响。他的诗歌预示了诸如玄学派等后世英国诗人的出现，标志着英国诗歌开始告别文艺复兴时期的诗歌语言风格，走向 17 世纪下半叶的本民族语言传统。

劫持语言：女性的反应

彼特拉克的诗歌赞美女性是理想化的、但却是沉默不语的、体现贞洁美德的杰出典范，莎士比亚的十四行诗则反映出男性对于女性在他们主导的文化中的矛盾地位愈感焦虑。一些女性的反应是，她们充分利用人文主义教育的变革性质和印刷业的兴起，展现出另一种不同的女性气质。她们的作品表明，在有关两性关系的许多臆断上的争论，实际上要比男性把持的文学正典诱使我们所相信的要激烈得多。

在整个 16 世纪，一位又一位女作家取柏拉图和彼特拉克式的艺术手法为己用，质疑男性对女性的臆断，试图界定她们个人以及创作的自主地位。佩尔内特·杜·吉耶（Pernett du Guillet）在遗作《韵体诗集》(1545年出版于里昂)中，运用新柏拉图主义的思想和彼特拉克式的艺术手法确立起与情人在诗中的平等关系："正像我是你的一样/(而且我愿意如此)，你完全是我的"，她在一首诗中如是说。在另一首诗中，她又攻击彼特拉克式情感的变幻莫测和不平等；她安慰女性读者说："切莫感到奇怪/如果我们的愿望发生了改变。"像这样摈弃男性诗歌传统手法的做法在路易丝·拉蓓（Louise Labé）的作品中更进一步。她的《诗歌全集》于1555年出版，出版地也是里昂。拉蓓运用了彼特拉克式十四行诗体批评彼特拉克将女性身体客体化的做法。她以其人之矛攻其人之盾，设问道："男人要讨人喜爱，得有多高的身材？"拉蓓并未向虚构的男性情人俯首帖耳，而是与之展开竞争。她宣称："我要成功地运用我双眼的力量……这样很快就会将他完全征服"；这又一次颠倒了彼特拉克式的手法。

在性方面的这种直白态度，与那种坚持女性有权受教育和享受创作自由的态度是结合在一起的。在《书信录》

（1567）和《芳香花束》（1573）中，伊丽莎白一世时代的伊莎贝拉·惠特尼（Isabella Whitney）主张，女性要在某种程度上摆脱家庭生活的羁绊；她认为："我本愿意秉笔而书，无奈家务将我束缚。"有一位诗人摆脱了惠特尼所谓家庭事务的羁绊，她就是威尼斯的交际花韦罗妮卡·佛朗哥（Veronica Franco）。她在1575年出版的诗集《韵语》中，从一个风尘女子的视角出发，破除了彼特拉克式恋爱中理想主义的神话色彩，同时提出："要是我们女人也得到武装和训练 / 什么男人都能够抵挡得住。"诸如佛朗哥与惠特尼这样的作家，她们在16世纪中期欧洲日益严重的宗教迫害和政治动荡中挣扎，改写了男性文学传统，在看待女性本质方面呈现了一个迥异的视角。

传奇故事的印刷出版

作家们也利用相对较新的印刷媒介来确立他们独树一帜的文学声誉。随着印刷术在识字水平日渐提高并且以大城市居民为主体的读者群中创造出寻找新的样式来理解变幻的世界的需求，它改变了文学表达。1554年，多明我会的修士马泰奥·班戴洛（Matteo Bandello）出版了一本《小说集》，这是描写当代城市生活的一部短篇故事集。按照作者的说法，这本小说集“写的不是连贯的历史，而是对各种事件的杂录”。詹巴蒂斯塔·吉拉尔迪（Giambattista Giraldi）——他更为人所熟知的名字是钦齐奥（Cinthio）——在 1565 年出版了另一部具有同样影响力的小说集。他在《埃卡托米蒂》的引子中，借用了路德派士兵于 1527 年洗劫罗马那桩痛心往事。该书对暴力事件的描述，令人想起古罗马悲剧家塞内加。钦齐奥与班戴洛的小说故事启发了伊丽莎白与詹姆斯一世时代上演的一些最伟大和最血腥的悲剧，其中包括托马斯·基德（Thomas Kyd）的《西班牙悲剧》（约 1587 年）、莎士比亚的《奥瑟罗》（1603）和约翰·韦伯斯特（John Webster）的《白魔鬼》（约 1613 年）。与散文体写作相似，戏剧的发展，尤其是英国戏剧的发展，越来越依靠投资和利润，而不是宫廷赞助或宗教虔诚。这种情形有助于对社会和个体进行日益复杂的和自然主义倾向的再现。

印刷过程的灵活性还可以让像弗朗索瓦·拉伯雷这样的作家及时地就别人对他作品的批评作出反应，并在再版时穿插进当代事件。拉伯雷出版了《庞大固埃》(1532)和《高康大》(1534)，书中描述了高康大和他的儿子庞大固埃这两位巨人富有喜剧性的历险。作者利用巨人的冒险经历来讽刺和戏仿世态万象，从教会到新兴的人文主义学术，都是他讽刺的对象。在描写庞大固埃的时候，拉伯雷用了一种虚幻怪诞、“繁复庞杂”的文字风格，学术语言和法国俗语杂糅并用，这种写法捕捉到了庞大固埃身上混合的多样风格。庞大固埃出生时，他母亲“死于生产”，因为“他块头极大，重得吓人，不把她憋死，他就无法来到世上”。这位小巨人吃整只的羊和狗熊，吓得一位学者屎拉在身上，还研究令人眼花缭乱的新书中的各式新学问，这些书包括《放屁的艺术》和《烟囱清扫工的占星术》。庞大固埃还解决了舔腚勋爵与吸屁勋爵的一场官司，最后他乘船去了“乌托邦之港”，这又是对航海发现和科学创新的戏仿。

拉伯雷生前出版的四卷本高康大和庞大固埃历险记销路极好；在《庞大固埃》的前言中，拉伯雷夸口说：“印刷商在两个月内卖掉的册数，要超过《圣经》九年的销售量。”巴黎索邦神学院的经院哲学家们一直是拉伯雷无情嘲讽的对象，从1533年起，他们开始报复他，谴责他的书都是淫秽亵渎之作。在他的余生中，他的作品一直遭受查禁。然而，其他作家采纳了他那率性的芜杂风格，这当中就有英国讽刺作家和小册子作者托马斯·纳什（Thomas Nashe）。在《不幸的旅人》（1594）一书中，纳什描述了杰克·威尔顿，一位见习骑士，在16世纪欧洲各地流浪漫游的经历。在游历过程中，他卷入了战争、宗教冲突、谋杀、强奸和监禁等事件。与拉伯雷一样，纳什运用了相对新颖的散文体写作形式，颠覆了抒情诗和史诗的艺术手法。纳什并没有遵循史诗诗人使用的传奇性叙事，他“虚幻怪诞的叙述文字”运用了莫尔和伊拉斯谟等早期人文主义者的怀疑主义和遣词用句的机敏灵活（莫尔和伊拉斯谟本人也出现在叙事中），以反抗比较传统的文学手法中的道德束缚。纳什糅合了多种风格和叙事声音，就此而言，他的叙事声音接近米格尔·德·塞万提斯（Miguel de Cervantes）的《唐吉诃德》，预示了英国长篇小说的后续发展。在早期英国小说家中，有许多人很钦佩纳什的著作，丹尼尔·笛福（Daniel Defoe）就是其中的一个。

史诗

与班戴洛、钦齐奥和纳什等人相对新颖和实验性较强的散文体小说相比，史诗的世系远为显赫。荷马的《伊利亚特》和《奥德赛》、维吉尔的《埃涅阿斯纪》为文艺复兴时期的诗人提供了帝国建立和民族起源神话的经典模式，这些模式都是围绕着主人公的英雄式漫游构建起来的——荷马史诗的主人公是奥德修斯，维吉尔史诗的主人公是埃涅阿斯。15 世纪意大利城邦的兴起，以及后来葡萄牙、哈布斯堡王朝和英国对全球霸权的争夺，为史诗诗人提供了在更具当代性的全球视野内重写古典史诗的机会。

最有影响的史诗实践者之一是卢多维柯·阿里奥斯托（Ludovico Ariosto），他是常驻费拉拉公国埃斯特宫廷的大使，埃斯特王朝是 15 世纪最伟大的意大利王朝之一。在史诗《疯狂的奥兰多》（1516）开篇伊始，阿里奥斯托宣称："我歌颂骑士与贵妇，爱情与战争，高贵的骑士品质，英勇的事迹——全都出自摩尔人从非洲跨海而来蹂躏法国之时。"这是一首回顾往昔、体现骑士精神的诗篇，描述了公元 8 世纪查理大帝（Emperor Charlemagne）麾下的基督教骑士与撒拉森人的冲突。阿里奥斯托未能提供一个当代色彩更为浓厚的背景，原因正在于到了 16 世纪初，埃斯特的国力已成强弩之末。埃斯特的贵族在阅读和听人诵读这部史诗之际，可以幻想击败相当于当代的撒拉森人的土耳其人。但这纯粹是一种艺术幻想。到了 16 世纪，真正具有帝国影响力的不是意大利。

路易斯·德·卡蒙斯（Luís de Camões）的史诗《鲁西亚德》（1572）回溯到了年代不算久远的过去，另一欧洲强权葡萄牙帝国逝去的辉煌。卡蒙斯是一名军人和帝国行政官员，这部史诗创作于 16 世纪中期他在非洲、印度和澳门等地任职之时。《鲁西亚德》以瓦斯科·达伽马于 1497 年远航至印度一事为中心，神化了葡萄牙帝国在 15 世纪的崛起。与阿里奥斯托一样，卡蒙斯自称，他的史诗远在古人之上，因为该诗所涵盖的英雄业绩和地理范围——葡萄牙人在古希腊和古罗马人从未发现的地方建立了功绩和勋业——远逾古典世界。卡蒙斯歌颂“那些著名的葡萄牙人 / 马尔斯和尼普顿曾为之折服”。这部史诗为文学帝国主义创造了一个文学样板，在整个 18 和 19 世纪、欧洲在世界各地从事殖民活动的时代，一直有人模仿它。然而，在16世纪70年代卡蒙斯创作这部史诗之时，葡萄牙帝国已经衰落。1580年，西班牙国王腓力二世（Philip II）将其吞并，纳入扩张中的哈布斯堡帝国。与阿里奥斯托一样，卡蒙斯的诗歌利用的是昔日的辉煌。

在英国，埃德蒙·斯宾塞和菲利普·锡德尼爵士（Sir Philip Sidney）继承了史诗的传统，但赋予它清教特有的情感。两人都是雄心勃勃的伊丽莎白时代的廷臣，渴望通过史诗创作来迎合都铎王朝流行的欣赏品味，以此巩固自己的政治地位。锡德尼的《阿卡狄亚》（1590）混合使用了叙事性散文体和韵律严整的田园诗——田园诗出自阿卡狄亚的牧羊人和乔装改扮的贵族英雄之口——来探讨各式各样的问题，从政治讨论到男女情事和王朝结盟所需要的厉行克制和激情抑制，内容十分广泛；这些问题对于伊丽莎白时代的政体是非常关键的。埃德蒙·斯宾塞与阿里奥斯托和卡蒙斯一样，也是政府里的行政官员，不过，他的史诗颂扬的是一个实际不存在的帝国。斯宾塞一边写《仙后》（1590—1596），一边代表他的英格兰君主——女王伊丽莎白一世——满怀热情地在爱尔兰从事殖民活动。在他看来，这位英国君主是“聪明天纵之女神，/ 优雅风仪与神赐端庄之懿范，/ 海岛上国之女主贵妇”。

斯宾塞刻意使用古体的英文，叙述一系列人物的冒险事迹，这些人物拟人化地代表了新教特有的价值观，例如信仰和节制。他把伊丽莎白变成了一位值得称颂的“仙后”，并且改造了东方出生的圣乔治为英格兰的主保圣人。但这不过是另一个光荣的神话。就在这部长诗完成之际，伊丽莎白在欧洲已经陷入政治孤立，而且她留下的唯一永久性殖民遗产是为后来几百年中爱尔兰的宗派暴力播下种子。尽管如此，在信奉新教的英吉利民族国家诞生之际，斯宾塞用本国语创作了一部世界性史诗，就此而言，他脱离了更为主流的欧洲传统，极大地影响了弥尔顿的《失乐园》。

戏剧

莎士比亚的戏剧很适合用来结束这部文艺复兴概论，因为他的创作生涯标志着从师法经典人文主义传统到更注重本土性和民族性的一个重大转变，前者从南欧和地中海的影响中汲取力量，而后者是文艺复兴结束的标志。在他最早的戏剧中，莎士比亚仍深受古典传统之惠。在《错误的喜剧》（1594）中，莎士比亚改写了古罗马戏剧家普劳图斯（Plautus）的喜剧《孪生兄弟》，将故事背景设在古典时代的以弗所。他初涉历史悲剧之作《泰特斯·安德洛尼克斯》同样得益于罗马历史。该剧通过泰特斯·安德洛尼克斯这个人物，讲述了罗马帝国在衰落时期的挣扎；安德洛尼克斯眼看着“野蛮的”哥特人逐渐渗入和压倒了罗马“文明的”价值观。

这两出早期戏剧虽然显示出莎士比亚受惠于古典的过去，不过，它们也反映了伊丽莎白时代的人们所特有的关注。《错误的喜剧》中身份误解和金钱混乱造成的喜剧性，活化出英国人对于货币流动性以及远途商贸复杂性日渐不安的情绪，当时英国刚刚打入穆斯林控制下的地中海地区的世界市场。《泰特斯·安德洛尼克斯》也表明莎士比亚一边书写一段不复重现的过去的历史，一边试图接受英国与异域文化交往的现实。异域文化的化身是那个有吸引力但却阴险邪恶的人物——摩尔人艾伦，此人是奥瑟罗的前身。

莎士比亚对历史素材越来越娴熟的掌控使得他在随后的喜剧和历史剧中对于本土问题、特别是伊丽莎白时代的问题越来越感兴趣。他的历史组剧，从《理查二世》到《亨利五世》，开始远离宗教启迪下的编年史，对于英格兰的晚近历史以及这段历史与当前的关系有了比较含混和不确定的理解。尽管传统上认为这些戏剧充当了意识形态工具，用以证明都铎政权的政治合法性，然而，它们也揭露了伊丽莎白女王的祖先制造的周而复始的血腥暴力和篡位夺权事件。有证据显示，《理查二世》的上演，是为了支持一场针对伊丽莎白的未遂政变，《亨利五世》则因为它敏感地提到英格兰在爱尔兰和苏格兰的政治困境而遭到审查。

喜剧则反映了莎士比亚表现在他的十四行诗中的越来越强烈的语言自信。在《第十二夜》中，小丑费斯特告诉女扮男装的薇奥拉："一句话对于聪明人就像是一副小山羊皮手套，一下子就可以翻了转来！"（《第十二夜》，第三幕第一场）[1]。从正反两方面遣词设句，对某种立场加以

1 译文见莎士比亚：《第十二夜》，朱生豪译，《莎士比亚全集》第4卷，人民文学出版社，1978年版，第50页。

论证，这种本领是人文主义修辞学的遗产，可是，在伊丽莎白时代伦敦的商业剧场中，这种技巧被用于演出和展现那些与观众直接相关的事件，无论这些观众是富人还是穷人。在新修建的环球剧院上演的第一部莎剧《尤利乌斯·凯撒》，以戏剧的形式表现了罗马共和国随着凯撒的遇刺而衰亡，从而回溯到古典的过去。但是它也探索了雄辩术对政治行动的塑造。马克·安东尼与布鲁图斯两人针锋相对的悼词探讨了共和制的遗产，在伊丽莎白时代专制主义的背景下，这个话题具有潜在的危险性。然而，与他的许多喜剧一样，莎士比亚更感兴趣的是如何用语言去塑造和诱导观众，而不是为某种政治意识形态张目。一个挣扎适应信贷经济的农业社会所产生的希望和恐惧，对于妇女地位以及不断变化的家庭关系的关注，还有那些无时不在的、关于政治权威和个人拯救的宗教事务，这些议题都一再出现，塑造了莎士比亚的戏剧生涯。

“他不属于某一个时代，而是属于所有时代。”这是本·琼森（Ben Jonson）在自己的伟大对手——莎士比亚——逝世之际为他所作的墓志铭。今天，许多人都会同意，莎士比亚笔下伟大的悲剧人物——哈姆雷特、麦克白、李尔和奥瑟罗——确实是超越了创作时空的不朽的艺术产物。不过，我们应当记住，文艺复兴时期的一个显著特征是那个时代最伟大的艺术家能够自我塑造出一种信念，认为他们的作品具有永恒的价值。哈姆雷特是文艺复兴人的化身，一位复杂的、千面的现代性先驱，预示了马克思（Marx）和弗洛伊德（Freud）的洞见；同样地，这个人物形象产生于莎士比亚所处的时代特定的压力和焦虑之中。不难看出，他关于死亡的那段自省式言辞，以及他那令人迷惑不解的未能及时替父复仇的举动，反映了所有现代异化的男性青少年心中的希望和恐惧。然而，他的行动也受到英格兰宗教改革之后的新教情感，以及由于担心拯救和来世而产生的持续的恐惧（“从来不曾有一个旅人回来过的神秘之国”[1]）的塑造，理解这一点也十分重要。类似地，尽管奥瑟罗谋杀苔丝狄蒙娜一事似乎是对嫉妒所造成的有害并且具有潜在致命性的后果的永恒反思，该剧也把奥瑟罗当作一个外来者（“一个到处为家、漂泊流浪的异邦人”[2]）、一位改宗基督教的穆斯林来加以探讨，那

1 译文见莎士比亚：《哈姆莱特》，朱生豪译，《莎士比亚全集》第9卷，人民文学出版社，1978年版，第63页。

2 译文见莎士比亚：《奥瑟罗》，朱生豪译，《莎士比亚全集》第9卷，人民文学出版社，1978年版，第283页。

些公开与摩洛哥和伊斯兰教的奥斯曼帝国做生意的英国人对这样的人物并不陌生。

《暴风雨》为莎士比亚的创作生涯和这本文艺复兴研究作出了恰当的总结。传统上认为，这部剧是对艺术之力量的思考，是莎士比亚告别舞台之作。它也是莎士比亚最具古典特色的一出戏。故事发生在一天之内的一个海岛上，情节借鉴了维吉尔的《埃涅阿斯纪》：那不勒斯国王阿隆索去突尼斯送女儿加布里埃尔出嫁，返航途中在地中海上普洛斯彼罗占据的海岛附近遭遇海滩；这一航行借鉴了埃涅阿斯从特洛伊经过伽太基到罗马的旅程。然而，这部剧也强烈地令人联想到欧洲人在美洲新世界的殖民活动。它审视了东西方两个世界，一边是东方地中海和古典的世界，它为文艺复兴时期的思想家和艺术家提供了丰富的灵感来源，另一边是西方的大西洋世界，它将加速塑造 17 世纪末和 18 世纪的启蒙思想。如果说文学观、智识观和国际观发生的这种转变标志着文艺复兴的特征宣告终结，那么它同时也提供了一种与以往迥异的、具有现代特征的对文化与社会的认识。

年表

1333	彼特拉克发现西塞罗的《对诗的赞美歌》
1348	瘟疫遍及欧洲
1378	教廷开始分裂
1397	美第奇银行在佛罗伦萨建立
1400	布鲁尼，《佛罗伦萨城市颂》
1414	康斯坦茨公会议召开
1417	教廷分裂局面结束；马丁五世当选为教皇
1420	葡萄牙人在马德拉群岛开始殖民活动；马丁五世回到罗马
1438	费拉拉—佛罗伦萨公会议召开
1440	瓦拉揭露《康斯坦丁惠赐书》系伪作
1444	阿尔贝蒂，《论家庭》
约 1450	谷登堡发明活字印刷术
1453	君士坦丁堡陷落；百年战争结束
1459	戈佐利创作壁画《三贤颂》；托普卡珀宫开始兴建
1474	菲奇诺，《柏拉图的神学》
1488	巴尔托洛梅乌·迪亚斯绕过好望角
1492	哥伦布首航；征服格拉纳德；贝海姆发明地球仪；贝利尼兄弟开始创作《圣马可在

亚历山大传教》（于 1504—1507 年间完成）

1494 《托德西利亚斯条约》签定；意大利战争；卢卡・帕乔利，《算术、几何与比例法全书》

1497—1498 达伽马到达印度

1500 卡布拉尔（Cabral）在巴西登陆

1505 莱奥纳尔多创作《蒙娜丽莎》；丢勒在意大利

1506 布拉曼特开始设计罗马的圣彼得大教堂

1509 亨利八世即英国王位（统治到 1553 年）

1511 伊拉斯谟，《愚人颂》

1512 米开朗琪罗完成西斯廷教堂天顶壁绘画；伊拉斯谟，《箴言》

1513 科尔特斯在墨西哥；葡萄牙攻占霍尔木兹；马基雅维利，《君主论》

1515 弗兰西斯一世即法国王位（统治到 1547 年）

1516 查理五世即西班牙王位；伊拉斯谟，希腊文《新约》；莫尔，《乌托邦》

1517 路德发表《九十五条论纲》

1520 苏丹伟大的苏莱曼登基

1521	沃尔姆斯帝国议会召开；麦哲伦远航至太平洋
1524	德意志农民起义；拉斐尔创作《康斯坦丁的惠赐》
1525	帕维亚战役；丢勒，《圆规与格尺测量法教程》
1527	罗马遭受洗劫
1529	《萨拉戈萨条约》签定；迪奥戈·里贝罗绘制世界地图
1533	亨利八世与罗马决裂；霍尔拜因创作《使节》；雷乔蒙塔努斯，《论各种三角形的五部书》
1543	哥白尼，《天体运行论》；维萨里，《人体结构》；葡萄牙人到达日本
1545	特伦托公会议召开（终于 1563 年）
1554	班戴洛，《小说集》
1555	《奥格斯堡和约》签定；教皇保罗四世颁布反犹太人的教皇诏书；拉蓓，《诗歌全集》
1556	查理五世退位；腓力二世成为西班牙国王；塔尔塔利亚，《论数字和度量》；阿格里科拉，《金属学》

1558　伊丽莎白一世即英国王位

1567　惠特尼，《书信录》

1569　墨卡托绘制世界地图

1570　伊丽莎白一世被革除教籍；奥特利乌斯（Ortelius），《世界概观》

1571　奥斯曼土耳其海军在勒班陀战役中被击败

1572　圣巴多罗买日大屠杀；卡蒙斯，《鲁西亚德》

1580　蒙田，《随笔集》

1590　斯宾塞，《仙后》

1603　莎士比亚《奥瑟罗》上演；伊丽莎白一世去世；詹姆斯一世即位

1604　塞万提斯，《唐吉诃德》

1605　培根，《学术的进展》